Tatort Rüppurr – Karl Sauters Notizen aus dem Polizeialltag

Für die liebe
Elke

mit den allerbesten
Wünschen Karl

Tatort Rüppurr

Karl Sauters Notizen aus dem Polizeialltag

HELMESVERLAG

Idee und Realisierung:
Hermann K. Reiboldt
Gestaltung:
Susanne Bausch
Falkenstein Marketing und Kommunikation
Mannheim
Verlag und Herstellung:
HELMESVERLAG KARLSRUHE
www.helmesverlagkarlsruhe.de

ISBN 3-9810429-1-3

Zu diesem Buch

Monat für Monat warten die Einwohner von Rüppurr, Dammerstock und Weiherfeld gespannt darauf, das „Rieberger Bläddle" und den „Monatsspiegel" in ihrem Briefkasten vorzufinden. Denn zwischen Werbeanzeigen für Schlachtplatten, Blumen und anderen Artikeln des täglichen Bedarfs, Vereinsmitteilungen, Terminen und Veranstaltungstipps, erscheinen in den Stadtteilzeitungen regelmäßig die Reportagen des Polizeihauptmeisters Karl Sauter, die interessant, informativ und trotz nicht immer erfreulicher Themen durchaus von hohem Unterhaltungswert sind.
Inmitten von Kleingärten, Feldern, Wäldern und Parkanlagen entlang der Alb, ist das Leben eher beschaulich und friedlich und schwere Kapitalverbrechen haben Seltenheitswert. Kleinere und mittlere Vergehen allerdings gehören zur Tagesordnung und Tagesarbeit der sieben grün gewandeten Damen und Herren am Rüppurrer Schloss, die im südlichsten Teil der Residenz des Rechts für die Einhaltung desselben zuständig sind.
Karl Sauter, 49, ist gebürtiger Schwabe und seit dreißig Jahren bei der Polizei in Karlsruhe aktiv. Er hat alles erlebt, was einem im Dienste der Bürger so widerfährt, darunter vieles, was normalen Menschen eher ungewöhnlich erscheint. Solche Ereignisse ziehen sich als roter Faden durch Sauters Geschichten, in deren Mittelpunkt Menschen stehen, deren Interessen im Regelfall äußerst konträr sind, nämlich Opfer und Täter. Der ersten Gruppe, oft zu vertrauensselig, leichtgläubig oder nur arglos, stehen kleine Spitzbuben, ausgebuffte Gauner und raffinierte Betrüger gegenüber. Und davon sind in Rüppurr wahrlich genug unterwegs. Dazu kommen Verkehrsrowdys, Leute, die einen Schluck zuviel genommen haben, außer Rand und Band geratene Jugendliche und ab und an auch ein paar Verrückte, die sich zu Höherem berufen fühlen, nackt durch die Straßen spazieren oder anderen harmlosen Unsinn anrichten.
Polizisten wie Karl Sauter, das vermitteln seine Geschichten in un nachahmlichem Stil, sind um ihren Job nicht zu beneiden, zumal

die amüsanten Fälle doch die seltenen sind. Oft und speziell bei kleineren Straftaten, braucht der Täter ebenso viel Verständnis wie der Geschädigte, zumal dann, wenn er Reue zeigt und Wiedergutmachung leistet. Das stimmt auch Staatsanwälte milde, die grundsätzlich von Amts wegen tätig sein müssen. Karl Sauters Notizen aus dem Polizeialltag informieren nicht nur über Vorfälle im Rüppurrer Bezirk, sondern bieten auch einen aufschlussreichen Blick hinter die Kulissen, wenn der Autor Systeme und Verfahren der Spurenauswertung, DNA-Analysen oder Recherchesysteme beschreibt.

Sauter schreibt „in zugegeben unüblicher Form: Kein trockenes langweiliges Amtsdeutsch, keine müde Aneinanderreihung von Paragrafen, kein erhobener Zeigefinger, aber auch keine Skandalpresse", beurteilt Andrea Fesenbeck, Pressereferentin der Bürgergemeinschaft Rüppurr, Sauters Schreibe in einem Leserbrief an die „Badische Neueste Nachrichten" am 14. Mai 2005.

Anlass für dieses Schreiben an den Karlsruher Nachrichten-Monopolisten war ein Dreispalter, der einige Tage zuvor an markanter Stelle unter dem Titel „Zwist um Polen und Polizisten" in den „BNN" erschien. Dabei ging es um einen von Sauters Artikeln, in dem er nach Meinung einer Rüppurrer Leserin etwas über das Ziel hinausschoss, was allerdings auch bei dem „BNN"-Artikel der Fall war.

Die Aufregung legte sich schnell. In dem Gedicht „Des Schreibers Feder" befürchtete Karl Sauter, dass diese demnächst „stumm" bleiben würde, was dann aber erfreulicherweise unterblieb. So bleibt uns Karl Sauter erhalten und man kann in Rüppurr, Dammerstock und Weiherfeld weiter gespannt darauf sein, was er im „Rieberger Bläddle" und im „Monatsspiegel" Neues berichtet.

Hermann K. Reiboldt

Die nachfolgenden Berichte über Karl Sauters Polizeialltag sind original wiedergegeben, um den ganz speziellen Charme und den authentischen Charakter dieser Geschichten zu erhalten.
Die Namen der an den geschilderten Vorfällen beteiligten Personen wurden geändert.

Die erste Geschichte in diesem Buch handelt von einem Vorfall, der in der lokalen Tagespresse erstaunlich hohe Wellen schlug und nicht zuletzt der Anlass dafür war, weitere Episoden und Reportagen über die Grenzen Rüppurrs hinaus bekannt zu machen.

Eigener Herd ist Goldes wert …

Bereits in der Vergangenheit hatte ein Gartenpächter bemerkt, dass die Kocheinrichtung hinter seinem Gartenhaus mehrmals von einer unberechtigten Person benutzt wurde. Aus diesem Grunde legte er sich am Abend des 3. April mit seiner Frau auf die Lauer, um festzustellen, wer sich da als Untermieter eingenistet hatte. Die beiden mussten nicht lange warten, denn gegen 21.00 Uhr stand plötzlich ein junger Mann im Nachbargarten und lief dann schnurstracks auf das eigene Grundstück.
Die Frau, vermutlich war sie für´s Kochen zuständig, ging sofort auf den Mann zu und stellte ihn zur Rede, worauf dieser kundtat, dass er doch nur kochen wolle. Sie forderte ihn auf, bis zum Eintreffen der Polizei zu warten und so konnte der Verdächtige wenig später einer Streife übergeben werden. Anzumerken sei hier noch, dass in der Gartenanlage in den letzten Tagen verstärkt kleinere Diebstähle festgestellt wurden und einige Pächter deshalb sensibilisiert waren.
Die ersten Feststellungen ergaben, dass der aus Polen stammende 23 Jahre alte Mann ausweislos war. Die Überprüfung der von ihm angegebenen Personalien brachte nun zu Tage, dass er bereits im Februar von Polizeihauptmeister Stumpf zur Anzeige gelangte. Damals campierte er in Eis und Schnee im Oberwald und wurde, da er keinen Eigentumsnachweis über sein mitgeführtes Fahrrad erbringen konnte, wegen Diebstahlsverdacht angezeigt.
Die Kollegen des Streifendienstes lieferten den Verdächtigen in den Polizeigewahrsam ein und übersandten den Vorgang zur weiteren Bearbeitung unserer Dienststelle, wo Polizeihauptmeister Stumpf, der den Polen ja bereits kannte, die Ermittlungen übernahm.
Neben verschiedenen Soßen und Lebensmitteln, so der Sachbearbeiter, führte der Verdächtige nun wiederum ein Fahrrad mit sich. Da er damals mittellos war und es jetzt immer noch ist, ließ der Besitz des Fahrrades für ihn nur den Schluss zu, dass es entwendet wurde. Es stellt sich nun die Frage: Wer vermisst ein lilafarbenes Damen-Mountainbike mit Hochlenker, weißem Einkaufskorb und

21 Gängen. Die bzw. der Geschädigte möge sich bitte melden.
Da dem 23jährigen bislang keine konkreten Straftaten nachzuweisen waren, musste er wieder auf freien Fuß gesetzt werden. Die weiteren Probleme für den kommenden Sommer, die uns dieser junge, wohnsitzlose und ab und zu hungrige Mann bereiten wird, sind, ohne ein Prophet zu sein, absehbar. Er wird in Kürze wohl wieder mit einem Fahrrad unterwegs sein, in verschiedenen Gartenanlagen auftauchen und den einen oder anderen Kühlschrank plündern.

Wir für unseren Teil sind für die Zukunft gerüstet. Durch die erkennungsdienstliche Behandlung haben wir seine Fingerabdrücke und eine Straftat kann ihm so leichter nachgewiesen werden. Schützen kann Sie das, liebe Gartenpächter, aber leider nicht. Die Entnahme einer DNA-Probe wurde vom Beschuldigten abgelehnt und die rechtlichen Voraussetzungen für eine zwangsweise Entnahme waren nicht gegeben.

Abschließend sei noch folgendes erwähnt: Soziale Angebote möchte unser polnischer Mitbürger nicht annehmen, freiwillig möchte er auch nicht nach Polen zurückkehren und eine Ausweisung wird durch das Ausländeramt nicht veranlasst.

Was also tun? Nach dem St.-Florians-Prinzip könnten wir ja versuchen, ihn zu verdrängen. Vielleicht Richtung Süden, nach Ettlingen oder nach Durlach im Osten, das wäre dann schon mal ein erster Schritt in Richtung seiner Heimat, aber ein Lösung, nein, eine richtige Lösung ist das auch nicht.

Des Schreibers Feder

Ruhig liegt sie in der Hand
Zu notieren für die Leute
Was war gestern, was war heute
Mit wenig oder mehr Verstand.

Sie schrieb nur das, was ihr geheißen
Vom Stirne runzeln und vom Schmunzeln
Von lauten Menschen und von leisen.

Eines Tages kam ein Sturm
Keiner hatte ihn gesehen
Ich frage mich, was war geschehen.

Feder, Feder, armer Wurm
Fast wär`s aus mit dir gewesen
Aus mit Schreiben, aus mit Lesen.

Ich dachte mir, das ist ihr Ende
Doch schreibt die Feder auch noch heute
Wie eh und je was für die Leute
Die Rettung waren tausend Hände.

Net von do ...

Baden-Württemberg feierte und wir vom Polizeiposten Rüppurr feierten mit. Denn so, wie sich das Ländle zusammengeschlossen hat, so haben auch wir uns, die Mitarbeiter Ihrer Polizeiwache, zusammengeschlossen. Derzeit zwei aus Baden und zwei aus Württemberg. Den Badenern sei schon mal zur Beruhigung vorweg gesagt, der Chef ist einer von Euch, was gleichzeitig ausdrückt, dass ich einer von den andern bin, was Sie aber nicht beunruhigen muss.

Mein Glück scheint, dass ich in Baden in einem liberalen Land lebe - so zumindest wird es mir seit über 25 Jahren suggeriert. Ist Baden grenznah nicht schon ein bisschen französisch und bringen die Elsässer nicht einen Hauch Paris ins Badische und heißt es nicht allerorten, „auf ihr Brüder in die Pfalz"? Ja, man versteht sich mit seinen Nachbarn - im Westen.

Was ist aber mit dem angetrauten Partner aus dem Osten, Württemberg, etwas größer, das Land der Dichter und Denker und der Landeshauptstadt. Zentralismus so der Vorwurf - und ich, meine badische Verwandtschaft, leidet mit uns. Aber manchmal, das verrate ich Ihnen, macht man es mir schon schwer, badisch zu denken, insbesondere dann, wenn mir das eine oder andere badische Urgestein, wie kürzlich dieser Felix Beck mit einem Lächeln auf den Lippen ein verbales Messer in den Rücken rammt, indem er doch auf die kleinen, aber seiner Denkart nach feinen Unterschiede aufmerksam macht. Er erschien auf unserer Wache, eine Auskunft suchend, die ich ihm freundlich gewährte und nach einem kurzen Gespräch entwickelte sich folgender Dialog:

„Gell, Sie sind net von do .
„... von wo?"
„Von do!"
„Wieso?"
„Dr Schbroch noch halt."
„Noi!"

„Des habe mir glei denkt, dass Sie net von do sinn!"
„So?"
„Jo! Sie sinn bschdimmt aus´em Schwäbische."
„Jo."
„Und jetzt sinn se Bollezischt in Ribburr?"
„Jo."
„I hab eigentlich nix gege Schwoba, sinn jo au Leit und wolle lebe."
„Do bin i aber froh."
„Alla, nix für ungut, addee."
„Addee ..."

... und anschließend fragte ich mich, was wollte mir dieser liebenswürdige badische Mitbürger sagen. Vermutlich nur, dass er mich noch nicht ganz in sein badisch-liberales Herz aufgenommen hat, aber daran arbeitet.

Alkohol macht Birne hohl

Diese Erfahrung mussten auch drei Jugendliche machen, die Mitte Juli nach durchzechter Nacht auf dem Heimweg auf die Idee kamen, ein Wohnmobil von oben zu betrachten. Zwei von ihnen kletterten also auf das Dach und trampelten dort herum, nicht ahnend, dass ein Stockwerk tiefer jemand schlief. Durch den Lärm erwacht, konnte der Wohnmobilbesitzer durch die Dachluke die Störenfriede erkennen. Diese ließen, nachdem sie das Fahrzeug einigermaßen zerbeult hatten, von diesem ab, denn nur wenige Parkbuchten weiter stand ein Anhänger, der noch umgeworfen sein wollte.
Ohne zu wissen, dass sie von dem in seiner Nachtruhe gestörten Camper verfolgt wurden, setzten die drei ihren Weg zur Haltestelle Dammerstock fort. Auf dem Weg zur Haltestelle konnte der Wohnmobilbesitzer einen Pkw anhalten. Der Fahrer verständigte über Handy die Polizei und die Kollegen des Streifendienstes konnten wenig später die Personalien der Jugendlichen feststellen. Mit

den Ermittlungen wurde der Jugendsachbearbeiter Polizeikommissar Schweikle betraut. Neben dem eingeleiteten Strafverfahren wegen Sachbeschädigung stand natürlich auch die Frage der Schadenswiedergutmachung im Raum. Im Strafverfahren machten die Jugendlichen zwar von ihrem Recht Gebrauch die Aussage zu verweigern, denn keiner wollte sich oder seinen Kumpel belasten, andererseits aber waren sie verstärkt an der Schadenswiedergutmachung interessiert.

Und so trafen sich Täter, Erziehungsberechtigte, Jugendsachbearbeiter und der Geschädigte bei einem Abschleppdienst, wo das Wohnmobil stand und berieten sich. Es stellte sich heraus, dass das Fahrzeug für 4.800 Euro zerbeult wurde und am Hänger noch einmal ein Schaden in Höhe von 500 Euro entstand. Die Verursacher und ihre Erziehungsberechtigten waren sich schnell einig, dass dieser Schaden wieder gut zu machen sei. Er wurde kurzerhand durch drei geteilt, was dann aber immer noch ein stolzer Preis für eine „lustige" Nacht war.

Dem geschädigten Besitzer des Wohnmobils kam diese Lösung natürlich entgegen und er behielt sich die Stellung eines Strafantrages vor, der Eigentümer des Hängers verzichtete sofort auf die Stellung eines Strafantrages.

Eine Strafanzeige muss vom Jugendsachbearbeiter trotz allem der Staatsanwaltschaft vorgelegt werden, denn diese entscheidet über den Ausgang des Verfahrens. Aufgrund des fehlenden Strafantrages ist dann bei einem absoluten Antragsdelikt wie der Sachbeschädigung das Verfahren einzustellen.

Insgesamt werden die Jungs wohl um eine Bestrafung rumkommen, was aufgrund ihrer Einsicht ja auch nicht verkehrt ist.

Andererseits ist die Schadenswiedergutmachung von knapp 1.800 Euro pro Nase ja auch kein Pappenstiel und für dieses Geld, liebe Freunde, gehe ich zweimal in Urlaub.

Reizvolle Begleitung

Es war Anfang Februar und etwa halb Acht. Die Lichtzeichenanlage der Ettlinger Allee in der Nähe der Haltestelle Schloss Rüppurr zeigte Rot und ein Autofahrer wartete gedankenverloren auf das Grünlicht seiner Ampel.

Plötzlich aber hatte das Warten ein Ende. Nicht dass die Ampel umgeschaltet hätte, nein, es war etwas anderes, etwas unerwartetes, nicht Alltägliches.

Ein nur mit einem Negligé bekleidetes weibliches Wesen sprach ihn von der Beifahrerseite an und ehe er sich versah, saß es auch schon neben ihm.

Was nun folgte, war nicht der Beginn einer großen Leidenschaft, sondern es waren ziemlich wirre Reden, die das Wesen von sich gab. Aber eines hatte der Mann doch verstanden: Sein Fahrgast wollte ins Diakonissenkrankenhaus. Dem Fahrer war dabei aber nicht ganz geheuer und da seine Beisitzerin zudem roch wie ein Fuchs im Oktober, komplimentierte er sie aus seinem Fahrzeug und verständigte vorsorglich die Polizei.

Bis zum Eintreffen der Kollegen war die Frau allerdings schon wieder verschwunden.

Aufgrund des Hinweises aber, dass sie ins Diakonissenkrankenhaus wollte, überprüften die Kollegen das Krankenhaus und siehe da, im Wartebereich saß die Gesuchte.

Sie war außer sich und verlangte sofort ein Bett, da sie jetzt Feierabend habe. Diesem Wunsche konnte in fast vollem Umfange entsprochen werden.

Das Bett wurde ihr unverzüglich zur Verfügung gestellt.

Allerdings nicht im „Diak“, sondern in der Psychiatrie des Städtischen Klinikums. Der Frau konnte somit geholfen werden und so fand auch diese Geschichte ein glückliches Ende.

Ab durch die Mitte

Auch Autos können gemein sein. Anfang September stellte ein Autofahrer seinen Pkw beim Wohnstift Rüppurr ab.
Als er wenig später zum Abstellplatz seines Fahrzeuges zurückkehrte, musste er feststellen, dass ihn sein Auto verlassen hatte.
Es hatte sich heimlich, still und leise an der leicht abschüssigen Fläche ganz langsam zurückrollen lassen, über die Fahrbahn hinweg und anschließend eine steile Böschung hinunter, wo es an einem Baum zum Halten kam.
Der Pkw wurde mit einem Abschleppwagen in die nächstgelegene Werkstatt eingeliefert, wo allerdings nur noch der Totalschaden festgestellt werden konnte.

Hühnerdiebe

Jetzt ist es passiert, Hühnerdiebstahl in Rüppurr. Ein Fall für den Kommissar und Polizeikommissar Schweikle hat bereits die Ermittlungen aufgenommen. Es geht um nicht mehr, aber auch um nicht weniger als fünfzehn Hühner, Rhodeländer, braun, legereif und ihren Hahn. Das Federvieh wurde in der Nacht vom 10. auf den 11. November aus einem Stall im Bereich Kuhlager-Seele entwendet. Dem nicht genug, denn die bislang unbekannten Diebe nahmen auch noch mehrere Gläser Honig mit.
Während der Wert der entwendeten Hühner und des Honigs circa 200 Euro beträgt, beläuft sich der durch den Aufbruch des Gartentores, des Stalles und mehrerer Behältnisse entstandene Sachschaden auf über 500 Euro.
Den Tätern war das wohl nicht genug, nein, sie suchten eine Nacht nach diesem perfiden Diebstahl den Garten erneut auf. Sie durchtrennten zunächst einen über dem Gartentor verlaufenden Stacheldraht und stiegen ein. Da es ihnen nicht gelang, das Schloss der Tür zum Schuppen aufzubrechen, schlugen sie kurzerhand eine Scheibe ein und entwendeten aus dem Schuppen Werkzeug und Maschinen im Wert von über 2.500 Euro.

Der Sachbearbeiter, Polizeikommissar Schweikle, geht aufgrund der Tatbegehung von mindestens zwei Tätern aus. Spuren, unter anderem Blut für eine DNA- Analyse, konnte der Sachbearbeiter am Tatort sichern und es bleibt zu wünschen, dass die Auswertung zum Täter führt.

Folgeschäden

Gerda Eichel, 82, wohnt in der Gartenstadt und beinahe hätte ich sie einsperren müssen. Das kam so: Frau Eichel hat hinsichtlich ihres Alters, obwohl sie trotz allem noch sehr rüstig ist, das eine oder andere Zipperlein und was früher leicht von der Hand ging, ist halt heute nicht mehr so.
Aus diesem Grunde entschloss sie sich, stundenweise eine Putzhilfe einzustellen und welch ein Glück, die Nachbarin hatte da eine Empfehlung. Ihre eigene Putzfrau, sauber und ordentlich, Polin und fleißig. Sie hieß Justina mit Vornamen, der Nachname bestand aus einer sechsstelligen Telefonnummer. Mehr musste man ja auch nicht wissen, Hauptsache sauber und ordentlich. Das war sie dann auch, bis Frau Eichel eines Tages feststellte, dass aus ihrem Geldkuvert, gefüllt mit kleinen Scheinen, ein Teil fehlte, genau 115 Euro. Da außer der immer noch sauberen, jetzt aber nicht mehr ordentlichen Putzfrau niemand in der Wohnung war, fiel der Tatverdacht sofort auf sie. Gerda Eichel erstattete, wie´s der Brauch ist, bei ihrem Polizeiposten Anzeige.
Schon jetzt zeichnete sich eine gewisse Problematik in der rechtlichen Würdigung des Sachverhaltes ab. Es ist nicht der Diebstahl oder der illegale Aufenthalt von Justina, es ist die Schwarzarbeit, die illegale Beschäftigung einer Ausländerin durch Frau Eichel. Doch der Reihe nach.
In Sachen Justina ist zu sagen, dass sie als Touristin nach Deutschland kam, ein Appartement in einem anonymen Vielfamilienhaus in der Innenstadt mietete, einen Festnetzanschluss hatte, behördlich aber nirgends gemeldet war. Illegal war Justina ab dem Zeitpunkt, an dem sie ihre Arbeit aufnahm. Jetzt war sie nämlich nicht

mehr Touristin, sondern Arbeitnehmerin. Über die Festnetznummer konnte ich bei der Telekom den Familiennamen und die Anschrift feststellen.
Der ganze Akt ging nun zu der für die Wohnanschrift zuständigen Polizeistation, in diesem Fall zum Polizeiposten Akademiestraße, landete beim Sachbearbeiter Huttinger, genauer gesagt Polizeikommissar Huttinger und ab diesem Zeitpunkt nahm er mir die ganze Arbeit ab. Ich hatte nichts mehr mit dem Fall zu tun. Sagen wir mal, fast nichts mehr, denn da war ja noch Gerda Eichels Akte. Diese wurde erstmal beiseite gelegt. Polizeikommissar Huttinger konnte Justina im Haus ermitteln, er ließ sie erkennungsdienstlich behandeln und regelte die ausländerrechtlichen Angelegenheiten bezüglich der Ausweisung, setzte sich mit der Staatsanwaltschaft hinsichtlich einer Sicherheitsleistung in Verbindung und erhob diese bei Justina. Ergänzend dazu und auf Weisung des klugen Staatsanwaltes, musste Justina an Frau Eichel auch die 115 Euro zurückzahlen. Cash. Diese habe ich ihr dann gleich gebracht, worüber sie sich natürlich sehr gefreut hat.
Was aber nun mit der Akte Eichel? Alte Frauen anzeigen ist so´ne Sache. Wir von der Polizei sind allerdings verpflichtet, Straftatbestände der Staatsanwaltschaft vorzulegen. Das haben wir natürlich auch in diesem Falle getan - in der Hoffnung um Milde. Sollte die Härte des Gesetzes zuschlagen, sähe es schlecht aus, denn dann wären neben der Putzfrau auch die 115 Euro wieder weg. Nun, bis jetzt habe ich aber noch nichts Nachteiliges gehört.
Zwei Dinge noch zum Schluss. Wenn Sie in der Innenstadt ein polizeiliches Problem haben, gehen sie zu Huttinger. Da sind Sie in besten Händen.
Das andere ist Ihre Putzfrau oder im Zuge der Gleichstellung Ihr Putzmann. Kennen Sie seinen Namen und die Anschrift und nicht nur (s)eine Handynummer? Sie vertrauen ihm ja ihre Wohnung an. Ist er arbeitsrechtlich angemeldet und kranken-, renten-, unfall- und zusatzversichert? Bezieht er Sozialhilfe, Arbeitslosengeld?
Viele Dinge die zu beachten sind und wo man aus Unwissenheit viel falsch machen kann. Aber so, wie ich meine Rüppurrer,

Weiherfelder und Dammerstocker kenne, handelt es sich bei der vorliegenden illegalen Beschäftigung selbstverständlich um einen Einzelfall, denken Sie nicht auch?

Falscher Verdacht

In den Abendstunden des 22. Juli fiel einem Anwohner nahe der Donaustraße auf, dass ein Autofahrer den Bauzaun am neu zu errichtenden Lärmschutzwall öffnete und von der dortigen Baustelle Kanthölzer in seinen Pkw lud. Der Zeuge verständigte die Polizei und der vermeintliche Dieb konnte noch an Ort und Stelle kontrolliert werden. Er teilte den Beamten mit, dass er von der Baustellenleitung die Erlaubnis hatte, alte Kanthölzer mitzunehmen. Dass dem so war, bestätigte eine spätere Überprüfung.
Sollte, wie in diesem Falle, keine Straftat vorliegen, so freuen wir uns doch, wenn Sie uns verdächtige Wahrnehmungen melden.

Entrückt

Anfang Februar teilte eine Anruferin aus dem Dammerstock unserer Dienststelle mit, dass eine nackte Frau mit entrücktem Gesichtsausdruck durch den Grünzug entlang der Straßenbahn wandeln würde.
Dies war doch etwas außergewöhnlich, es war mittags um drei und die Temperaturen lagen nur knapp über dem Gefrierpunkt.
Cheflage sozusagen.
Polizeihauptkommissar Weber und Polizeikommissar Schweikle machten sich sofort auf die Suche nach der Nackten und fanden sie alsbald, in der Pose einer Statue verharrend, zwischen den Bäumen. Nun machte sich die Erfahrung der Kollegen ganz deutlich bemerkbar, denn sie hatten in weiser Voraussicht bereits einen Mantel mitgenommen, den sie der durchgefrorenen Frau wärmend um die Schulter legen konnten. Sie wurde anschließend im vorgeheizten Streifenwagen einer ärztlichen Behandlung zugeführt und so fand auch dieser Fall ein glückliches Ende.

Falsch verbunden

Ende Januar kam eine Mitbürgerin aus dem Weiherfeld auf unsere Dienststelle und legte etwas ratlos eine Telefonrechnung mit Einzelverbindungsnachweis über 86 Euro von 0^2 vor, obwohl sie mit dieser Gesellschaft überhaupt keinen Vertrag abgeschlossen hatte. Bei der Überprüfung einer der angerufenen Nummern, die etwa zehn Mal im Einzelverbindungsnachweis auftauchte, war die Angerufene sprachlos, denn diese Nummer kannte sie nicht. Um es genauer zu sagen, gesprochen hat sie schon, sie war aber dennoch überrascht. Des Rätsels Lösung sollte ein Antwortschreiben von 0^2 bringen.

Bereits am nächsten Tage war aber klar, was da gelaufen ist. Beim Dezernat 3.2 der Kriminalpolizei, so ergaben die Feststellungen, wird ein umfangreiches Ermittlungsverfahren gegen die Geschäftsführer zweier Firmen aus Karlsruhe geführt, die sich mit getürkten Telefonverträgen Provisionen erschlichen haben, wobei bislang mehrere hundert Fälle bekannt wurden. Betroffen sind mindestens fünf Vertriebspartner im gesamten Bundesgebiet und die Netzbetreiber 0^2 und Eplus. Wenn auch Sie betroffen sind, sagen Sie es uns.

Auf einen neuen Telefontrick machte mich Herr K. aus der Gartenstadt aufmerksam. Seine Frau hatte einen Anruf erhalten in dem ihr mitgeteilt wurde, sie sei für ein Gewinnspiel auserwählt. Sie wurde aufgefordert die Null zu drücken. Doch sie legte auf, das Beste was sie tun konnte, denn, so war es auch in den „BNN" zu lesen, drohten erhebliche Kosten, weil durch das Drücken der Null eine 0190 oder 0900-Verbindung zustande kommt. Frau K. hatte bei dem Anruf den Eindruck, als ob es sich um eine Bandstimme handelt.

Blümchen und Pralinen

Was macht ein 16jähriger mit einem Blumenstock und einer Schachtel Pralinen? Vermutlich geht's zum Muttertag oder zum „Baggern" werden Sie denken. Das ist aber falsch. Er ist auf dem Weg, sich zu entschuldigen. Aber wie kommt so was?

Gegen Ende April war Partytime in der Rastatter Straße angesagt. Mit der Stimmung stieg auch der Mut und einige der Partygäste waren der Meinung, dass man die Fete auf den angrenzenden Flachdächern fortsetzen könnte.

Ein aufmerksamer Anwohner wurde darauf aufmerksam, vermutete Einbrecher und verständigte die Polizei. Bei der anschließenden Kontrolle der Jugendlichen ergaben die ersten polizeilichen Feststellungen, dass es natürlich mal wieder keiner war. Fritz Schweikle, Jugendsachbearbeiter bei unserem Polizeiposten, übernahm die weitere Bearbeitung der Angelegenheit, da der Verdacht des Hausfriedensbruches und eventuell auch der Sachbeschädigung im Raume stand.

Nach einer ersten Befragung von Partygästen, meldeten sich bei ihm drei Jugendliche und räumten ein, auf dem Dach gewesen zu sein. Da kein Schaden verursacht wurde, sich die Drei für ihr Verhalten entschuldigten (Klasse Jungs!) und der Geschädigte auf die Stellung eines Strafantrages verzichtete, konnte es bei einer Meldung an die Staatsanwaltschaft zu deren Kenntnisnahme belassen werden. Die Einleitung eines Strafverfahrens war also nicht erforderlich.

Noch ein Wort an die Kids. Ihr werdet sagen, was das soll, ist doch nix passiert. Stimmt soweit. Allerdings, und vor allem wenn Alkohol im Spiel ist, ist die Gefahr eines Sturzes groß und mit 16 im Rollstuhl ist ja auch nicht die Welt. Zum andern verursacht Ihr bei Anwohnern ein Unsicherheitsgefühl mit der Folge, dass zumindest in dieser Nacht kein Auge zugetan wird - und das Argument, die Alten könnten später schlafen, für immer, lass ich hier nicht gelten.

Da werden Sie geholfen

Das neue Telekommunikationsgesetz erlaubt nun die Anschlussinhaberfeststellung durch Rückwärtssuche anhand einer Telefonnummer. Sie können nun ganz einfach für 69 Cent die Nummer 11880 oder 11810 anrufen und sich anhand der Ihnen vorliegenden Telefonnummer den Anschlussinhaber mit Name und Anschrift mitteilen lassen. Mit dieser Gesetzesänderung ist natürlich der Werbung wieder Tür und Tor geöffnet.
Sie haben allerdings auch die Möglichkeit, Ihre Nummer für derartige Auskünfte sperren zu lassen. Sofern Sie Telekom-Kunde sind, können Sie die Sperrung für 12 Cent unter der Nummer 01375/103300 veranlassen. Das geht ganz automatisch, setzt aber voraus, dass sie von dem zu sperrenden Anschluss anrufen. Diese Sperrmöglichkeit, das möchte ich noch einmal betonen, betrifft ausschließlich Festnetzanschlüsse der Deutschen Telekom und Handys des Providers T-Mobile.

Und außerdem war da noch ...

... der 50jährige Dr. H., der bei den Kollegen des Streifendienstes eine Anzeige erstatten wollte, deren Inhalt aber immer verworrener wurde. Als er sich schließlich als Mitglied des Geheimdienstes outete und mitteilte, dass Polizei, Wirtschaft und seine Familie ferngesteuert seien, war es Zeit für den Arzt.
...der Betrunkene in der Danziger Straße, der nachts überall klingelte und um Einlass bat, weil er friere und kein Bett habe. Die Kollegen des Streifendienstes verbrachten ihn ins Städtische Übernachtungsheim, wo festgestellt wurde, dass er dort schon wohnte. Aber das hatte er in seinem Rausch vergessen.

Der Inder

Ein Anruf bei der Polizei
im Dammerstock ein Inder sei.
Persönlich sei es ihm egal
der Mann wär aber nicht legal
er wär seit langem auf der Flucht
und würde deshalb auch gesucht.

Zwei Mann mit ihrem Streifenbock
fahren sogleich zum Dammerstock.
Sie klingeln an besagtem Haus -
die Hausfrau schaut zum Fenster raus
und denkt sich dieses Bullenpack
sagt aber laut: „Ich bin halbnackt -
Sie müssen darum etwas warten"
derweil entweicht in Richtung Garten
ein dunkler Mann und hüsch, hüsch, hüsch,
entschwand er alsbald im Gebüsch.

Auf dem Weg zu Frau und Söhne
hört ein Bürger Klingeltöne
er hört hin und sieht dann auch
das Klingeln kommt aus einem Strauch
in welchem frierend einer steht
und auf die Frage, wie´s ihm geht
er zitternd was von Ärger sagte
und einen Blick zur Seite wagte.

Kurz darauf sah man auf Socken
den Inder wieder weiterjoggen.
Ein Anruf bei der Polizei -
im Dammerstock ein Inder sei
welcher spärlich angezogen
in weitem Bogen sich verzogen
und später, so erfuhr ich dann
nahm er eine Straßenbahn.
Er ist nun wieder auf der Flucht
und wird auch heute noch gesucht.

Fallstudie

Zwei Spezialisten fällten in der Lützowstraße eine Föhre. Da sie mit ihren Berechnungen hinsichtlich der Fallrichtung etwas daneben lagen, neigte sich der Baum wider Erwarten der Straße zu und begrub den Zaun und den Pkw einer Nachbarin unter sich. Der Pkw kam mit leichten Blessuren in die Werkstatt.

Magerkost

In welchem Haushalt gibt es seit Mitte März nur noch kalte Küche und welche Katze hat seither ordentlich abgespeckt?
Bitte melden, denn auf dem Gehweg der Saarbrücker Straße wurden in einer roten Tüte drei Kochtöpfe mit Deckel, zwei Backspringformen und drei Dosen Katzenfutter aufgefunden.

Landausflüge

Ich freue mich immer wieder, wenn Sie mir Ihre Werbepost vorbeibringen oder auch in den Briefkasten werfen. Es ist schon allerhand, was ich da zu lesen bekomme und mit welchen Tricks man an Ihre Kohle will.
Ich bin ja kein Fachmann, aber wenn Sie mal eine Gratiseinladung von einem Bio-Hof, wie ich sie gerade vor mir liegen habe, durchlesen, dann können Sie schon die eine oder andere Gaunerei erkennen.
Lesen Sie genau! Gratis ist natürlich die Halbtagesfahrt zu der Veranstaltung, da will man Sie als Kunden ja auch haben. Die versprochene „Frühlingsverlosung“ mag auch stattfinden, aber das Wort Frühlingsverlosung sagt gar nichts aus, es kann auch ein Gänseblümchen sein, das da verlost wird.
„Als Dankeschön offerieren wir Ihnen ein halbes Schwein ... gilt für jeden
Besucher ...“, heißt aber nicht mehr, als dass Sie das halbe Schwein kaufen können.

Und dann schön eingerahmt:

„Kostenlos für jeden Gast eine Riesenauswahl zum Mitnehmen."

Woraus die Riesenauswahl besteht, wird nicht erklärt, aber darunter kommt die übliche Aufzählung mit Butter, Wein, Schinken, Brot usw., die dann natürlich den Eindruck erweckt, dass es sich hierbei um Ihre Geschenke handelt. Das Ist aber nicht so, Sie können diese Sachen aber kaufen, ist ja immerhin ein Bio-Hof.

„Genießen Sie ein schmackhaftes Mittagessen - Heute für alle Gäste",

heißt für mich: Erst genießen - dann zahlen.
Wissen Sie was? Wenn Sie Lust auf Landkost haben, dann fahren Sie doch einfach mal zu unseren Rüppurrer Bauernhöfen, dazu brauchen Sie keinen halben Tag und ein Mittagessen genießen können Sie auch in einem unserer Lokale.

Kommissar Zufall

Nach einem Körperverletzungsdelikt erschien Ende Juli ein Beschuldigter, nennen wir ihn Julian, zu seiner Vernehmung auf unserem Polizeiposten. Umweltfreundlich wie er ist, erschien er mit dem Fahrrad und stellte es, dem Diebstahl vorbeugend, in unserem Hof in der Raucherecke ab.
Während er nun vom Chef persönlich vernommen wurde, schickte sich mein Kollege Klaus Stumpf an, eine zu rauchen.
Klaus Stumpf hat zwar nicht das Lachen erfunden, aber wenn es darum geht festzustellen, ob irgendetwas irgendwo nicht stimmt, dann hat er eine Nase wie kein anderer. Wie er nun genüsslich dasteht und seine Lunge veredelt, fällt sein Blick auf das besagte Fahrrad.
Ein fremdes Fahrrad in unserem Hof - das könnte sich man ja mal genauer ansehen. Und siehe da, wo im Normalfall die Codiernummer eingraviert ist, glänzte eine codiernummerlange blanke Stelle. Keine Frage, da ist was faul dachte sich Herr Stumpf und stand

damit am Anfang eines neuen Falles, den er mit der sofortigen Sicherstellung des Fahrrades einleitete.
Sein nächster Schritt war eine MOD-Recherche. Durch eine MOD-Recherche können Gegenstände, auch ohne Nummer, anhand ihrer Beschreibung einem Tatort zugeordnet werden und so stellte er fest: Das Fahrrad, 700 - 800 Euro wert, stammt aus einem Kellereinbruch in Neureut.
Nun stellte sich für ihn die Frage, wer hat das Rad entwendet. Es kann nicht automatisch davon ausgegangen werden, dass derjenige, der damit rumfährt, auch der Dieb ist und so ergab sich durch Befragungen bislang folgendes Bild:
Julian hat zwei Freunde, André und Karsten. Und diese haben wiederum einen Freund, den Eric, welcher noch einen weiteren Freund hat, aber dazu später. Der Eric, so wird gesagt, habe nun eines Tages das Fahrrad bei André und Karsten abgestellt und als er wegzog, es einfach dort stehen lassen - das teure Rad.
Es wurde in der Folgezeit dann hauptsächlich von André benutzt und als dieser eine Therapie begann, hat er es Julian überlassen, welcher es dann auch bis zu seinem Vernehmungstermin in Gebrauch hatte.
Ob nun der Eric oder der Armin, das ist der weitere Kumpel von Eric, der André oder der Karsten das Fahrrad gestohlen hat, bedarf noch weiterer Ermittlungen und ob nun der eine oder der andere die Wahrheit gesagt hat oder nicht, ist eine andere Frage.
Ob es sich bei den oben genannten Personen schon um alle Beteiligten handelt oder ob noch der eine oder andere Kumpel dazukommt, oder ob Sie, liebe Leserin, lieber Leser, mit der Sache zu tun haben, wird sich zeigen.

Fundsachen

Haallooooo Robert, hören Sie mich? Wir haben Ihr Hörgerät. Es lag eines Morgens in einer Schachtel mit der Aufschrift „Robert" in unserem Briefkasten, zusammen mit einem zweiten Hörgerät, auf dessen Schachtel die Aufschrift „303310" und weitere Buchsta-

ben und Zahlen durch Klebeetiketten angebracht sind.
Dazu haben wir noch einen Hyundai-Schlüsselbund mit einem auffälligen Metallmännchen und zwei Brillen der Marke Glasbaustein. Die Gegenstände können beim Fundbüro abgeholt werden.

Dieb - Detektiv 0 : 2

Einen klaren Auswärtssieg holte sich ein Ladendetektiv Anfang Juli in einem Rüppurrer Drogeriemarkt.
Zunächst einmal ertappte er einen Ladendieb, als dieser zwei DVDs in seinen Hosenbund steckte und den Laden, ohne die Ware zu bezahlen, wieder verlassen wollte. Er nahm ihn mit ins Büro, wo die Formalitäten erledigt werden sollten. Als er dem Dieb eröffnete, dass zur Feststellung der Personalien die Polizei hinzugezogen werden sollte, schien der plötzlich ein Problem zu haben und bat darum, am offenen Bürofenster rauchen zu dürfen. Man befand sich im ersten Obergeschoss, das Fenster war vergittert und es bestand somit keine Fluchtgefahr.
Die Bitte wurde ihm gewährt. Er rauchte, die Polizei kam, stellte die Personalien fest, die Polizei ging, der Dieb wurde auch entlassen und nun stellte sich der Detektiv an das „Raucherfenster“, um sich nach getaner Arbeit erst mal zu entspannen.
Und während er sich entspannte, arbeiteten seine Augen trotzdem weiter und erblickten auf dem Boden vor dem Fenster ein Tütchen mit Drogen, einer Portion Marihuana, wie sich später rausstellen sollte.
Dieses, so schloss der Detektiv, konnte nur von seiner Kundschaft stammen. Er stellte es sicher und auf den Beweis für seine Theorie musste er nicht lange warten, denn noch bevor seine Zigarette verglimmt war, erschien der Herr Ladendieb in diesem öffentlich nicht zugänglichen Hinterhof und suchte ... und suchte ... und wartet nun auf seine Anzeigen Nr. 29 wegen Ladendiebstahl und Nr. 30 wegen eines Verstoßes gegen das Betäubungsmittelgesetz.

Diebstahl mit Folgen

Am 18. 4. kurz vor Mitternacht, führte ein Rentner aus der Dammerstockstraße seinen Hund noch einmal Gassi. Als er in die Danziger Straße einbog, fiel ihm ein dunkelgekleideter, circa 30jähriger Mann auf, der ein Rührgerät für Gipser trug. Er konnte beobachten, wie dieser schnellen Schrittes zur Dammerstockstraße ging und einem dunklen Mercedes zustrebte.
Er verlud das Gerät im Kofferraum und setzte sich auf den Beifahrersitz. Anschließend raste der Mercedes, in dem schon der Fahrer wartete, los. Der Zeuge konnte am Fahrzeug das Kennzeichen KA-CJ 111 ablesen.
Am nächsten Morgen begab er sich zur Dammerstockstraße 16, wo sich eine „Gipser-Baustelle" befand und erkundigte sich, ob vielleicht ein entsprechendes Gerät fehlen würde. Als dies bejaht wurde, erschien er auf unserer Dienststelle und teilte seine Beobachtung mit.
Bei der Überprüfung des Kennzeichens gab es dann gleich die erste Überraschung, denn dieses war für einen Volvo ausgegeben, der bereits im November letzten Jahres stillgelegt wurde.
Der letzte Halter, der in Mühlburg wohnt, gab an, das Fahrzeug an einen Autohändler in der Sonnenstraße verkauft zu haben. Der Autohändler in der Sonnenstraße teilte mit, dass nicht er, sondern sein damaliger Kompagnon, der jetzt eine Firma in Ettlingen betreibt, der Käufer gewesen sei.
Dieser wurde natürlich auch befragt und er wusste, dass er das Fahrzeug an einen Ahmed verkauft hat. Ahmed sei Iraker und er hätte den Pkw bereits in sein Heimatland überführt.
Der nächste Ermittlungsschritt wäre nun die Befragung des Ahmed im Irak. Auf dieses Ermittlungsersuchen musste ich jedoch verzichten, da die dortigen Kollegen noch mit was anderem beschäftigt sind.
Da sich das Kennzeichen aber nach wie vor in Deutschland befindet, ist davon auszugehen, dass es weiterhin missbräuchlich verwendet wird. Wenn Sie einen Hinweis haben, wo es sich befindet

oder wer es in Gebrauch hat, dann rufen Sie mich bitte an.
Abschließend möchte ich mich noch bei dem Zeugen aus der Dammerstockstraße bedanken, denn nur aufgrund seiner Beobachtung konnten diese Ermittlungen durchgeführt werden und es sind nach wie vor Ermittlungsansätze da, die zur Klärung des Diebstahls und vermutlich weiterer Straftaten führen können.

Kein Respekt vor Ordnungshütern

In der Nacht zum 1. Juli wechselte der rote VW-Multivan eines Kollegen unfreiwillig seinen Besitzer. Der im Weiherfeld wohnende Polizeibeamte hatte sein Fahrzeug ordnungsgemäß verschlossen in der Neckarstraße abgestellt, musste am nächsten Morgen aber feststellen, dass der Bus weg war. Da im Tatzeitraum Sperrmüllsammlung war, kann nicht ganz ausgeschlossen werden, dass der „Polizeibus" nicht nur entwendet, sondern auch noch zum Abtransport diverser Gegenstände missbraucht wurde.

Durst ist schlimmer als Heimweh

Durch die Auswertung gesicherter Fingerabdrücke an zwei leeren Getränkekartons, konnte nun der Diebstahl in einem Rüppurrer Getränkemarkt aufgeklärt werden.
Bereits Anfang April dieses Jahres wurde ein arbeitsloser Drogenabhängiger in der Durlacher Allee einer Kontrolle unterzogen. Er führte sieben Flaschen Champagner mit sich, die er, wie er behauptete, zufällig von einem Unbekannten günstig erworben hatte. Wer´s glaubt wird selig, aber für die Polizei gilt immer noch, dass wir eine Straftat beweisen müssen.
Da in diesem Falle bereits ein Hinweis auf einen Tatort vorlag, denn kurz zuvor wurde bei uns eine entsprechende Anzeige wegen Champagnerdiebstahls erstattet, galt es, die vorhandenen Spuren zu sichern und auszuwerten.
Und nun, gut Ding will Weile haben, stellte der Sachverständige für Daktyloskopie fest, dass es sich beim Tatverdächtigen zwei-

felsfrei um den Verursacher der untersuchten Tatortspur handelt. Typischer Fall von Beschaffungskriminalität. Der Täter übrigens wurde seinerzeit etwa eine halbe Stunde nach Beendigung seiner erkennungsdienstlichen Behandlung in der Innenstadt erneut beim Ladendiebstahl erwischt.

Dumm gelaufen

Aus dem Vorkommnisbericht meiner Kollegen Jo Schneider und Simone Grimm:
Eine etwa 35jährige Frau aus der Weststadt entwendete unbemerkt im C&A eine Bluse. Was ihr noch fehlte, war der dazu passende Rock. Diesen fand sie schließlich im Karstadt. Da auch dieser nichts kosten sollte, zog sie ihn unter ihre getragene Kleidung. Beim Verlassen des Kaufhauses wurde der Diebstahlsalarm ausgelöst - allerdings nicht wegen des Rockes, sondern durch das Sicherungsetikett der Bluse.

Ständig unter Strom

Schriftlich zur Anzeige kam nun ein Sachverhalt, der unbedingtes Fachwissen voraussetzt, denn es stellt sich die Frage: Kann man mit einem Infrarotpulsgenerator Druckwellen erzeugen und diese in eine Nachbarwohnung schicken?
Es scheint tatsächlich so zu sein.
Jedenfalls behauptet das eine ältere Mitbürgerin und klagt darüber, dass ihr Nachbar, um den geht es schließlich, Wellen und Strahlen in ihre Wohnung leiten und dadurch ihre Gesundheit ruinieren würde.
Schlimmer noch, er würde sogar mit einer Wärmebildkamera oder anderem militärischem Gerät ihre genaue Position ausfindig machen, damit er die Druckwellen gezielter einsetzen kann, dieser Stromschurke, wie sie ihn nennt.
Nun, wie gesagt, ein schwerer Fall und bis dieser nicht geklärt ist, brauchen Sie mir mit nichts anderem zu kommen.

In eigener Sache: Unter der Überschrift „Ständig unter Strom“ habe ich Ihnen vor kurzem einen Sachverhalt geschildert, bei dem eine Person durch Druckwellen und Strahlen, die angeblich von einem „Infrarotpulsgenerator“ aus einer Nachbarwohnung ausgesandt werden, terrorisiert wird.
Aufgrund mehrerer Anfragen von weiteren „Betroffenen“, die unter ähnlichen Einwirkungen leiden, möchte ich Ihnen mitteilen, dass es mir aus rechtlichen Gründen nicht möglich ist, Ihnen Name und Anschrift der im aktuellen Fall betroffenen Person mitzuteilen. Ich hoffe auf Ihr Verständnis.

Störgeräusche

Es freut mich immer besonders, wenn durch die Aufmerksamkeit von Nachbarn oder Anwohnern Schaden verhindert werden kann. So geschehen kürzlich Hinterm Dorf, als ein nach Hause gekommener Nachbar Licht machte und Rollladen und Fenster öffnete. Neben der beabsichtigten Belüftung der Wohnung hatte der Vorgang aber diesmal noch eine größere Nebenwirkung, denn ein circa 30jähriger Mann, der gerade im Nachbarhaus durch ein offen stehendes Erdgeschossfenster eingestiegen war, wurde durch das Rollladengeräusch aufmerksam, fühlte sich dadurch beobachtet, sprang sofort wieder aus dem Fenster und rannte davon.
Der Nachbar verständigte unsere Kollegen vom Streifendienst, welche eine Fahndung einleiteten. Wenn der Täter in diesem Falle auch noch nicht dingfest gemacht werden konnte, so wurde aber auf jeden Fall verhindert, dass er etwas entwenden konnte.
Bei der am folgenden Tag durchgeführten Spurensicherung konnte ich am Fensterrahmen einen Fingerabdruck sichern, der zur Auswertung an die Kriminaltechnik übersandt wurde. Sollte dieser Fingerabdruck auswertbar sein, so wird zunächst einmal durch die Erhebung von Vergleichsabdrücken festgestellt, ob die Spur von einem Berechtigten, z. B. einem Bewohner, verursacht wurde. Ist dies nicht der Fall, so wird anhand einer Datei verglichen, ob die Spur bereits einliegt, das kann zum einen sein, dass

die Fingerspur bereits an einem anderen Tatort gesichert wurde oder zum andern, dass die Person bereits erkennungsdienstlich behandelt wurde und der Fingerabdruck gespeichert ist. Das bedeutet dann zwar, dass wir wissen wie der Täter heißt, aber nicht immer, wo er wohnt bzw. sich aufhält. Ist die Spur einem bislang unbekannten Täter zuzuordnen, so wird sie im AFIS, einem automatischen System zur Identifizierung von Fingerabdrücken, gespeichert. Die Spur wartet dann darauf, dass der Spurenverursacher erkennungsdienstlich behandelt wird. Ist dies der Fall, so kann auch nach Jahren noch eine Straftat aufgeklärt werden.
Nicht vergessen sollten Sie, dass es so weit gar nicht kommen muss. Schließen Sie Fenster und Türen - auch wenn´s mal wieder wärmer ist.

Sanft geruht

Am 15.10.04, gegen 11.30 Uhr, hielt sich der 22 Jahre alte Sohn einer Familie aus dem Dammerstock in seinem Dachgeschoßzimmer auf. Die Eltern waren aus dem Haus. Als es an der Haustür klingelte, maß er dem keine größere Bedeutung bei.
Als wenig später seine Zimmertür aufgerissen wurde, er hatte etwas geruht, erwachte er zwar, reagierte aber nicht sonderlich erstaunt, da er davon ausging, dass seine Freundin, die im Besitz eines Hausschlüssels ist, die Tür geöffnet hatte. Eine Person hatte er nicht gesehen. Da er nun schon einmal wach war, begab er sich ans Fenster, wo er Sicht zum Garten und zur Maria-Matheis-Straße hat. Vom Fenster aus konnte er beobachten, wie sich zwei 12 bis 15 Jahre alte Kinder, männlich und weiblich, er beschrieb sie als Südländer, vom Haus entfernten.
Anschließend begab er sich ins Erdgeschoß, wo er seinen gerade heimkehrenden Vater traf. Gemeinsam stellten sie nun zu ihrer Überraschung fest, dass während der Abwesenheit der Eltern die Terrassentür aufgehebelt und eingebrochen worden war und Schmuck im Wert von mehreren tausend Euro entwendet wurde. Die Polizei wurde verständigt und der Sachbearbeiter, Polizei

hauptmeister Stumpf, sicherte am Tatort Fingerspuren. Gleichsam konnte an Ort und Stelle auch gemeinsam geklärt werden, wer nun so plötzlich die Zimmertür des Sohnes aufgerissen und dessen Ruhe gestört hatte.

Tag der offenen Tür

Am 7. 9.2005, genau um 4.28 Uhr, wurde in ein Optikergeschäft in der Rastatter Straße eingebrochen. Der oder die Täter lösten bei ihrer Tatausführung einen Alarm aus, der bei einer privaten Sicherheitsfirma einging. Dem Sachbearbeiter dieser Firma unterlief dabei ein bedauerlicher Fehler, denn er beurteilte nach seiner Sicherheitsüberprüfung den Alarm als Fehlalarm, weshalb er es unterließ, die Polizei zu verständigen.
Kurz vor Geschäftsbeginn erschien wie gewohnt die erste Mitarbeiterin und stellte zu ihrer Verwunderung fest, dass sich bereits ein Kunde im Geschäft befand. Nach einer kurzen Beratschlagung und der Überprüfung der Tür war nun klar, dass tatsächlich ein Einbruch stattgefunden hatte und Sonnenbrillen der Marken Adidas und Rodenstock im Wert von circa 1.000 Euro erbeutet wurden.

Einbruch, Zweibruch, Dreibruch

In der Nacht zum 11.3. versuchte ein unbekannter Täter am Ostendorfplatz die Eingangstüren dreier Geschäfte aufzuhebeln. In keinem der Fälle gelang es ihm, die Türen tatsächlich aufzubrechen. Die Aufbruchserie endete allerdings abrupt, als die Geschäftsinhaberin des dortigen Schreibwarengeschäftes gegen 21.00 Uhr nach Hause kam und entgegen ihrer Gewohnheit nicht direkt in die Wohnung, sondern noch einmal in den Laden ging. Sie hatte in einem Nebenraum noch etwas zu erledigen, als sie plötzlich ein Klopfen hörte. Sie ging dem nach und sah, wie ein dunkel gekleideter Mann mit einem Schraubenzieher an ihrer Ladeneingangstür hantierte und diesen zwischen Tür und Rahmen stieß.

„Jetzt geht´s aber los", entfuhr es der Ladeninhaberin und der Einbrecher sah in ein zu allem entschlossenes Gesicht. Nur der Umstand, dass die Schaufensterscheibe die beiden trennte, verhinderte Schlimmeres.
Was blieb dem Einbrecher nun anderes übrig, als sein Heil in der Flucht zu suchen. Die führte ihn an die Straßenbahnhaltestelle und in die nächste Straßenbahn, die ihn in Richtung Ettlingen brachte. Allem Anschein nach aber stieg der Täter eine Station weiter schon wieder aus, denn im dortigen Bereich wurde unter einer ähnlichen Begehungsweise wie am Ostendorfplatz in ein Friseurgeschäft in der Rastatter Straße eingebrochen und Münzgeld entwendet.
Der Täter, wie später zu erfahren war, lungerte schon kurz vor der Tat am Ostendorfplatz herum. Er wurde wie folgt beschrieben:
Alter circa 25 - 35 Jahre, schlank, relativ klein und er hatte einen Rucksack bei sich. Er trug eine weiße Mütze, manche Zeugen sagen auch eine schwarze.
Dir, liebe Gertrud, möchte ich für Dein entschlossenes Handeln danken. Du hast sicherlich dazu beigetragen, dass dieser Einbrecher am Ostendorfplatz nicht mehr erscheinen wird und es ehrt Dich auch, dass du aus Rücksichtnahme „wegen dem", wie Du sagtest, die Kollegen des Nachtdienstes nicht stören wolltest. Doch solltest Du noch einmal in eine solche Situation kommen, tu mir einen Gefallen und ruf sofort an. In so einem Falle die Polizeinotrufnummer 110. Diese Nummer, liebe Leserinnen und Leser, gilt natürlich auch für Sie.

Unfreiwillige Zugabe

Keine große Sache, sagen Sie und ich natürlich auch.
So war es dann auch nur ein „Routineeingriff", als uns der Geschäftsinhaber eines Lebensmittelmarktes am Ostendorfplatz anrief und mitteilte, dass ein Kunde mit der Ware auch den ladeneigenen Einkaufskorb mitgenommen habe. Dieser habe zwar nur einen Wert von 12 Euro, aber es würde ihm jetzt reichen und mit reichen meinte er, dass es nicht der erste war. Man habe zur

Geschäftseröffnung vor 5 Jahren zunächst einmal 60 Körbe bestellt und als diese weg waren, noch einmal 60 und dann noch mal 30 - und jetzt wäre auch der letzte von diesen weg, von Kunden einfach mitgenommen. Zugegeben, die Körbe sind wirklich praktisch, aber nach dem Motto „Danke für den Korb“ sich einfach einen mitnehmen, nein.
Bisher habe man mit Rücksicht auf die Kundschaft keine Anzeige erstattet, man lebe ja von ihr, nun aber hätte es gereicht, weshalb eine Anzeige erstattet wurde.
Der Weg dieses letzten und 150sten Korbes konnte anhand des vom Geschädigten abgelesenen Autokennzeichens ganz leicht verfolgt werden - er führte in die Graf-Eberstein-Straße - und der Rückweg auch, denn der führte am nächsten Tag zurück ins Geschäft, wo er, statistisch gesehen, in etwa 12 Tagen wieder entwendet wird, das wäre am 2. November. Sonntag. Noch mal Glück gehabt, kleiner Einkaufskorb.
Man nahm den Strafantrag natürlich zurück, Sie wissen ja, die Kundschaft.
Polizeilicherseits musste aber die Staatsanwaltschaft trotzdem über den Ausflug des 150sten Korbes in Kenntnis gesetzt werden, so ist´s nicht nur der Brauch, sondern auch Vorschrift.
Wo aber sind die anderen 149 Körbe?
Was ich nun sage, betrifft sicherlich nicht die 10.000 ehrlichen Rüppurrer, es betrifft aber die 149 Personen, von denen ich davon ausgehe, dass die wenigsten von außerhalb kommen: 149 vergessliche, überhebliche, vorsätzliche oder sonst wie geartete Menschen, die sich über das Eigentum anderer einfach hinwegsetzen.
Vielleicht sind es auch ein paar weniger, wenn wir davon ausgehen, dass es sich bei dem einen oder anderen um einen Wiederholungstäter handelt.
Sind es Leute, die zu faul waren, den Korb wieder zurückzubringen oder es einfach vergessen haben, obwohl sie jeden Tag darüber stolpern, sind es Leute, denen die Preise zu hoch sind und die sich an einem Korb schadlos halten oder welche, die ihren Kaugummi im Korb nach Hause tragen - nicht des Kaugummis wegen? Wie

viele Körbe sind wohl noch in den angrenzenden Wohngebieten in Gebrauch? Es sind ja nicht nur die Einkaufskörbe, es ist der Diebstahl allgemein, der den kleineren Läden zu schaffen macht. Kürzlich war ich im Büro eines anderen Lebensmittelgeschäftes. An der Wand hing ein riesengroßes Plakat mit der Überschrift „Zielvorgabe“ und darunter, dass sich die Mitarbeiter bemühen mögen, die monatlich durch Diebstahl verursachte Schadenssumme, die 1.878 Euro betrug, um zehn Prozent zu senken. Das macht betroffen und Ihr, die illegalen 149 Korbbesitzer, wundert Euch nicht, wenn eines Tages auch der letzte Laden in Rüppurr seine Pforten schließt. Dann könnt Ihr zu Aldi, Lidl oder Wal Mart - wenn Ihr ein Auto habt.

Falscher Freund

Nicht leicht hatte es unser Jugendsachbearbeiter Polizeikommissar Schweikle in den letzten Wochen mit einem Teil seiner Stammkundschaft. Im Zuge eines Ermittlungsverfahrens, so schien es, packte einer der Jugendlichen aus und gab zu Protokoll, was einer seiner Freunde so alles gedreht hat.
Die hartnäckigen Ermittlungen des Jugendsachbearbeiters ergaben jedoch, dass diese Angaben total verlogen waren und nur vom eigenen Fehlverhalten des Hinweisgebers ablenken sollten.
So kommt es, dass zu der langen Reihe von Anzeigen, die bereits der Staatsanwaltschaft vorliegen, nun noch eine wegen Vortäuschen einer Straftat, eine wegen falscher Verdächtigung und eine wegen Fahren ohne Fahrerlaubnis hinzukommt.
Und so bleibt mir abschließend nur eines zu sagen: Wer solche Freunde hat, braucht keine Feinde.

Amtsanmaßung

Wieder einmal hat sich ein Mann als falscher Stromableser der Stadtwerke ausgegeben. Diesmal versuchte er sein Glück bei einer älteren Frau in der Göhrenstraße. Der circa 50 – 55 Jahre alte Mann, er wird mit kompakter Figur beschrieben, sprach die Frau vor dem Haus an und ließ sich den Standort von Wasseruhr und Stromzähler erklären. Während die Frau noch ihre Treppe wischte, ging der Stromableser schon mal ins Haus. Aber anstatt die Zähler aufzusuchen, ging er ins Wohnzimmer, wo er von der Bewohnerin angetroffen wurde. Sie stellte ihn zur Rede, worauf er irgendetwas von Strom verbinden erklärte. Anschließend ging er eine Treppe höher. Als er merkte, dass ihm die Frau nicht folgte, ging er ins Schlafzimmer und durchsuchte eine Kommode. Als er auch dort zur Rede gestellt wurde und mit derselben Ausrede kam, ging er endlich auf den Dachboden. Aber anstatt den Strom abzulesen, ging er unter einer fadenscheinigen Begründung wieder nach unten, wo er der Frau eine Rückzahlung für überbezahlten Strom erstatten wollte.

Nun war es ihr aber zuviel und mit energischen Worten warf sie ihn aus dem Haus. Sie konnte noch beobachten, wie er mit einem weißen Pkw wegfuhr. Ihre Rückfrage bei den Stadtwerken ergab, dass keine wie die beschriebene Person im Auftrag der Stadtwerke unterwegs war.

Liebe Leser, liebe ältere Mitbewohner, eine Bitte, lassen Sie keine Fremden in Ihre Wohnung, lassen Sie sich von Bediensteten der Stadt oder anderen Behörden die Dienstausweise zeigen und gehen Sie gegen ungewollten Besuch resolut vor. Sollte dieser sich uneinsichtig oder aufdringlich zeigen, scheuen Sie sich nicht, die Polizei zu rufen.

Freche Abzocke

Eine Rechnung von knapp 60 Euro über ein angeblich geliefertes, aber nicht abgeholtes Päckchen, erhielt eine Bewohnerin aus Rüppurr. Absender war eine Adresse in Spanien. Massiv wurden für den Fall des Nichtbezahlens rechtliche Schritte angekündigt. Da die Frau nichts bestellt und auch nichts erhalten hatte, sah sie natürlich von einer Zahlung ab und gab stattdessen die Schreiben beim Polizeiposten ab, wo sich Polizeiobermeisterin Earl der Sache

annahm. In Absprache mit dem Wirtschaftskontrolldienst wurde diesem der Vorgang zur weiteren Bearbeitung übersandt.
Frech gehen derzeit auch wieder unseriöse Teppichhändler vor. Sie melden sich zunächst telefonisch und erwähnen, dass der Angerufene ja schon einmal einen Teppich in der Türkei gekauft habe.
Da dies in den meisten Fällen tatsächlich so war, wunderten sich die Leute, wie die Teppichhändler wohl an die Telefonnummer und die Information gekommen sind. Anscheinend wird mit diesen Adressen in der Türkei gehandelt. Im weiteren Verlauf wird dann aufgrund dieser „Geschäftsverbindung" die Schenkung von Teppichen angekündigt.
Der Grund, warum die Teppiche verschenkt werden sei der, dass ein Wasser- oder Feuerschaden oder ein Erdbeben die Teppiche kaum merklich in Mitleidenschaft gezogen habe und dass man sich Ihnen als guten Kunden erkenntlich zeigen möchte. Egal welcher Grund, es ist auf jeden Fall gelogen.
Man käme, so der Anrufer weiter, da man zufällig in der Nähe sei, kurz vorbei. Zeigt man nun Interesse, erscheinen innerhalb kürzester Zeit einer oder gar zwei Händler und überbringen die „teuren" Geschenke. Soviel zu den Geschenken.
Im Gegenzug wird allerdings um einen Kredit für ein paar Tage gebeten, den man mit einem Zuschlag von 20 Prozent zurückzahlen will. Der dabei erbetene Betrag liegt nicht selten im Bereich von über 10.000 Euro. Der Grund, weshalb man das Geld so dringend benötige, ist die kranke Oma, der kranke Opa und die teuren Medikamente, die man jetzt und sofort kaufen müsse. Alles natürlich, Sie wissen es, Schwindel.
Wenn es so läuft, wie es sich die Täter gedacht haben, haben Sie am Ende zwei „Billigheimer" im Wohnzimmer liegen und 10.000 Euro ausgeliehen, die Sie nie mehr sehen werden.
Im Grunde handelt es sich bei diesen Fällen zum einen um eine Schenkung und zum andern um einen Kreditvertrag, was es rechtlich sehr schwierig macht, einen Betrug nachzuweisen.
Von einer anderen üblen Masche berichtete eine Frau aus dem Dammerstock. Ihr Mann erhielt für ein angeblich gebuchtes ero-

tisches Gespräch eine Zahlungsaufforderung in Höhe von 50 Euro. Da dies natürlich Quatsch war, ignorierte er die Aufforderung. Wochen später erhielt er dann von einem Inkassobüro aus München eine Zahlungsaufforderung in Höhe von 286 Euro.
Da die Frau eine Betrugsmasche witterte, erstattete sie Anzeige. Die Ermittlungen ergaben, dass es sich bei der Versenderin der Zahlungsaufforderungen und Anbieterin der „Dienstleistung" um eine 70jährige Frau aus Mühlburg handelt, und dass diese willkürlich solche Zahlungsaufforderungen im ganzen Bundesgebiet verschickt hat. Bei der Polizei in Mühlburg, wo die Anzeigen zentral bearbeitet werden, sind deshalb schon eine Vielzahl von Verfahren anhängig und nun noch eines mehr, das aus dem Dammerstock.
Insgesamt ist die Frau, so ihr „polizeilicher Kontoauszug" bereits mehr als 150-mal in Erscheinung getreten.
Was Sie tun können, um sich vor Schaden zu bewahren ist zum einen, dass Sie nichts bezahlen und zum andern, dass Sie Ihre Freunde und Bekannte warnen. Also, erzählen Sie's weiter. Und wenn Sie bereits Opfer dieser fiesen Abzocker wurden, erzählen Sie´s uns.

Hoch hinaus

Fronleichnamsprozessionen in Rüppurr und auch in anderen Stadtteilen werden von der Polizei seit Jahren in verkehrsrechtlicher Hinsicht begleitet und man kann sagen, sie verliefen aus polizeilicher Sicht immer störungsfrei - ein ruhiger Einsatz sozusagen, ohne besondere Vorkommnisse.
Nun aber trug sich in der Südstadt doch ein besonderer Vorfall zu, denn dort stellten die Kollegen des Streifendienstes, welche die dortige Prozession begleiteten, einen etwa 30 Jahre alten Mann auf dem Dach der Liebfrauenkirche fest, der mit ausgebreiteten Armen alles übertönend das Vaterunser betete.
Bevor der Betende jedoch vollends abhob, wurde er von den Beamten gebeten, über das an der Kirche angebrachte Gerüst, wel-

ches ihm bereits zum Besteigen des Daches diente, wieder den irdischen Gefilden zuzustreben. Dieser Aufforderung kam der Gläubige unverzüglich nach, die Beamten und sicherlich auch der liebe Gott konnten damit zufrieden sein und somit nahm auch diese Geschichte ein glückliches Ende.

Gefährliche Körperverletzung …

… von mehreren gemeinsam begangen. So heißt es im Strafgesetzbuch und beschreibt einen Fall, den unser Jugendsachbearbeiter Polizeikommissar Schweikle zu bearbeiten hatte.
Angezeigt hat ein 13jähriger, dass er abends gegen 18.30 Uhr mit einem 12jährigen Freund Prospekte ausgetragen habe. Während sie das Fahrrad mit den restlichen Prospekten beim Mühlwiesenweg abstellten, befüllten sie die umliegenden Briefkästen.
Bereits zu Beginn ihrer Arbeit wurden sie aus einer Gruppe heraus beleidigt. Nachdem sie zurückgekehrt waren, lösten sich drei 15 bis 16jährige aus dieser Gruppe und gingen auf die beiden Prospektverteiler zu. Zunächst einmal wurden sie um Zigaretten angegangen und als sie keine hatten, wollte einer von ihnen das Fahrrad im Tausch gegen einen Roller.
Um seinen Besitzanspruch zu unterstreichen, legte er auch gleich die Hand auf den Sattel. Ganz zu Recht schob der Fahrradbesitzer die Hand von seinem Fahrrad. Dies führte zu einem Streitgespräch, das nicht lange dauerte, denn ehe es sich der Geschädigte versah, hatte er auch schon eine Ohrfeige. Die Brille ging zu Boden und das Glas fiel aus der Fassung.
Nun mischte sich ein Zweiter ein und schlug ebenfalls zu. Dadurch ging auch der Geschädigte zu Boden und selbst am Boden liegend wurde er noch getreten. Der Dritte stand dabei und lachte und diesem, mit 15 bereits Stammkunde unseres Jugendsachbearbeiters, möchte ich ganz klar ins Heft schreiben: Wer dabei steht und lacht, um den Schlägern dadurch seine Sympathie und auch Unterstützung zu bekunden, ist nicht besser als ein Schläger. Und mein lieber K., das weiß auch der Richter und der Staatsanwalt.

Da lag nun also der Geschädigte am Boden und wartete auf Hilfe. Die kam, aber nicht aus der Gruppe, sondern durch einen 20jährigen und seinen Begleiter. Nachdem sich diese eingemischt hatten, ließen die Schläger von ihrem weiteren Tun ab. Den beiden sei für ihr mutiges Einschreiten gedankt und es entbehrt nicht einer gewissen Ironie, dass der Mutige vor Jahren ebenfalls zum Kundenstamm unseres Jugendsachbearbeiters zählte. Sozusagen eine Wandlung vom Saulus zum Paulus. Das sieht man gerne.
Die Beschuldigten, alle keine Unschuldslämmer, erwartet nun eine Anzeige wegen gefährlicher Körperverletzung. Aufgrund anderer Vortaten wurde einer der drei zwischenzeitlich für sechs Monate in die Jugendstrafanstalt Adelsheim eingeliefert und wenn die beiden anderen daraus nichts lernen, folgen sie auf dem Fuß.
Ein großes Lob geht in diesem Fall an unseren Jugendsachbearbeiter. Nur durch seine umfangreichen Personenkenntnisse konnte er aus den Bruchstücken, die ihm aus den Vernehmungen des Geschädigten und seines Freundes zur Verfügung standen, ein Ganzes bilden, den Täterkreis eingrenzen und schließlich die Täter ermitteln.

Geldmacherei mit Schwerstkranken

Eine Angestellte aus dem Rosenweg erhielt die Zuschrift einer Firma aus Thailand, in der für ein neu entwickeltes Medikament geworben wird. Dieses Medikament, es wird NIAT 35C genannt und wird in Deutschland nicht angeboten, soll Tumore direkt und besser mit wenig Nebenwirkungen bekämpfen. Über die Wirksamkeit dieses Medikamentes möchte ich mich nicht auslassen, jedoch über den Preis, der pro Packung 645 Euro beträgt.
Bei einer geforderten Mindestbehandlungsdauer von 21 Tagen wären das dann 13.545 Euro. Das Geld soll, so das Schreiben, zuerst auf ein thailändisches Bankkonto überwiesen werden, anschließend würde das Medikament zugeschickt. Es ist ganz klar, dass die Zielgruppe dieser Geldmacher schwerkranke Menschen sind, die in ihrer Not nach jedem Strohhalm greifen. Anzumerken

ist noch, dass die Empfängerin des Schreibens weder krank ist, noch in ihrer Familie einen entsprechenden Krankheitsfall hat. Sie hat auch keine Kontakte nach Thailand und fragt sich nun, wie die Absender zu ihrer Adresse gekommen sind. Das frage ich mich übrigens auch.

Hat einer mein Auto gesehen?

Bereits Mitte August stellte ein 65 Jahre alter Mann aus dem Hanauer Raum seinen Pkw, BMW, schwarz, HU-KV 640, irgendwo in Karlsruhe ab.
Der gesundheitlich angeschlagene Mann wurde wenig später von einer psychischen Störung heimgesucht und in die Psychiatrie eingeliefert. Nachdem er wieder einigermaßen hergestellt war, wurde er entlassen und er fragt sich nun: Wo steht eigentlich mein Auto? Wenn Sie´s wissen, rufen Sie uns an.
P.S.: Polizeihauptkommissar Waldenmaier vom Polizeiposten Südstadt, der mit der Angelegenheit am Rande betraut war, hat im Rahmen seiner Ermittlungen festgestellt, dass es sich bei dem gesuchten Pkw gar nicht um den des Hanauers, sondern um ein Firmenfahrzeug, welches gar nicht vermisst wird, handelt. Es ist deshalb abschließend davon auszugehen, dass der gesundheitliche Zustand des Patienten doch ernster war als angenommen.

Bekanntschafts-Anzeige

Schamlos nutzte ein 35jähriger Ettlinger Anfang August die Hilfsbereitschaft einer beinahe 80jährigen Frau aus. Der Mann klingelte gegen Abend in Alt-Rüppurr bei einem Nachbarn der Frau, welcher ein Bekannter von ihm ist und den er besuchen wollte.
Da dieser nicht zu Hause war, erkundigte sich die Frau vom Fenster aus, ob sie helfen könne. Ja, meinte der Ettlinger, er würde gerne ins Telefonbuch sehen. Da sie den Mann vom Sehen kannte, ließ sie ihn ohne Argwohn in die Wohnung. Er blätterte am Küchentisch das Telefonbuch durch und unterhielt sich noch ein

halbes Stündchen.Nachdem er gegangen war, machte sich die ältere Dame bettfertig, was in diesem Fall nichts anderes bedeutet, als dass sie die Wohnung nicht mehr verlassen hat. Am nächsten Morgen stellte sie fest, dass ihr Geldbeutel, der mit Sicherheit abends noch auf dem Küchentisch lag, fehlte.
Vorsichtshalber suchte sie noch die Wohnung ab, aber der Geldbeutel blieb verschwunden. Über ihren Nachbarn, dem die Sache selbst unangenehm war, konnte die Geschädigte dann leicht in Erfahrung bringen, wie der Verdächtige heißt. Anschließend erstattete sie Anzeige.
Die Wohnanschrift war schnell ausfindig gemacht und der Beschuldigte konnte zur Sache gehört werden. Er räumte zwar ein, in der Wohnung gewesen zu sein, aber einen Diebstahl hätte er nicht begangen.
Die Anzeige befindet sich jetzt bei der Staatsanwaltschaft, wo der Ettlinger mit bereits über 40 Vortaten kein Unbekannter ist.

Iguana Iguana …

… lernten meine Kollegen Ehnes und Janßen am 20. Juni in Beiertheim kennen. Er saß auf den Stufen der Postfiliale und sonnte sich. Da dies einigen Leuten etwas spanisch vorkam, verständigten sie die Polizei. Tatsächlich bestätigte sich diese Meldung und guter Rat war teuer. Kurzerhand stülpten die Kollegen dem kleinen Kerl ein mittelgroßes Postpaket über, nahmen ihn in Gewahrsam und verbrachten ihn ins Naturkundemuseum - dem richtigen Platz für grüne Leguane. Wie das Tier zur Beiertheimer Post kam, ist nach wie vor unbekannt. Dass es ein Postkunde während seines Aufenthaltes in der Filiale vor der Tür abgestellt hat, wird allerdings ausgeschlossen.

In Badewanne stecken geblieben

Sorgen machte sich Mitte August eine ältere Dame, da ihr Bekannter nicht wie vereinbart bei ihr erschien. Da er sich auch telefo-

nisch nicht meldete, vermutete sie einen Notfall und verständigte die Polizei. Die Kollegen des Streifendienstes begaben sich daraufhin zur besagten Adresse in Rüppurr. Da sie auf ihr Klingeln und Klopfen keine Reaktion erfuhren, gingen auch sie von einem Notfall aus und verständigten die Feuerwehr, welche die Wohnungstür öffnen sollte.
Kurz bevor diese zu Werke ging, wurde die Wohnungstür jedoch von dem Umsorgten selbst geöffnet.
Warum er nicht ans Telefon ging und auf sein spätes Öffnen hin befragt, erklärte der 75jährige, dass er gebadet habe und an seinem Badewannenlift plötzlich ein Defekt aufgetreten sei, weshalb er stecken geblieben wäre. Es hätte dann halt seine Zeit gedauert, bis er sich selbst aus seiner misslichen Lage befreien konnte.
Somit frisch und vor allem ausgiebig gebadet, stand dem nun etwas verspäteten Treffen nichts mehr im Wege und so fand auch diese Geschichte ein glückliches Ende

Irren ist menschlich ...

... sagte der Hahn und stieg von der Ente. Tierisch geirrt hatte sich allerdings ein 46jähriger Rüppurrer, als er sich bei einem Bekannten in der Nähe des Lützowplatzes aufhielt und „zerstörerische" Geräusche aus einer nahen Telefonzelle wahrnahm.
Er ging der Sache nach und konnte beim Spielplatz bei der Riedschule eine Gruppe Jugendlicher feststellen, bei denen es sich seiner Meinung nach um die Täter handeln musste. Mag sein, dass er nicht mehr ganz nüchtern war als er zur Tat schritt und die Jugendlichen als „kleine Pisser" bezeichnete. Das war natürlich auch ein wahrlich schlechter Einstieg für ein konstruktives Gespräch und die Halbstarken, ist es verwunderlich, machten mit ihm den Kasper. Aber nicht lange, denn ruckzuck hatte einer von ihnen eine gefangen und ging zu Boden. Ein Zweiter, der helfen wollte, bekam ebenfalls einen Schlag gegen den Kopf und als Dreingabe einen Tritt in den Hintern.
Die beiden Jugendlichen rannten daraufhin weg, ließen über eine

Anwohnerin aus der Riedstraße die Polizei verständigen, rannten weiter und trafen an der Herrenalber Straße auch schon auf einen Streifenwagen. Es waren Beamte der Hundestaffel, die die ersten Maßnahmen trafen und anhand der Zeugenaussagen den Verdächtigen in Tatortnähe ausfindig machen und dessen Personalien feststellen konnten. Ihr Bericht ging an unseren Jugendsachbearbeiter Fritz Schweikle, der die weitere Bearbeitung des Falles übernahm.

Bevor er nun so richtig mit seinen Ermittlungen loslegen konnte, erschien auch schon der Tatverdächtige auf unserer Dienststelle und bekannte reumütig, dass er wohl Unschuldige erwischt habe. Diese Erkenntnis kam für das weitere Verfahren allerdings zu spät, denn die Jugendlichen, bzw. deren Eltern, hatten bereits Strafantrag wegen Körperverletzung und Beleidigung gestellt, aber lieber eine späte, als gar keine Reue, sagt übrigens auch der liebe Gott.

Abschließend sei noch bemerkt, dass an der vermeintlich beschädigten Telefonzelle kein Schaden festzustellen war und für die Zukunft sollten wir es in solchen Fällen doch wieder so machen wie bisher: Sie rufen an, wir werden tätig.

Über den (Jäger-)Zaun geschaut

Wie wir in Rüppurr, so haben auch andere Polizeidienststellen gewisse Fälle zu bearbeiten, die in irgendeiner Art und Weise aus der Reihe schlagen. So fiel mir kürzlich ein Vorkommnis meiner Kollegin Piche vom Polizeirevier Waldstadt auf, die es mit einer seltsamen Ansammlung von Hausrat in einem Vorgarten zu tun hatte. Anscheinend benutzte eine unbekannte Person den Garten, um sich bestimmter Gegenstände zu entledigen. So war es dann auch, wie es sich später herausstellte, denn die Anwohner beobachteten kurz darauf einen Mann, der Wäsche inklusiv eines Wäscheständers, Rucksäcke, Kinderschuhe und eine Damenhandtasche zu den bereits dort abgelagerten Blumentöpfen legte.

Die Anwohner verständigten ihre Polizei in der Waldstadt und bei der Kontrolle stellte sich dann sehr schnell heraus, dass der

etwa 45jährige Mann leicht bis mittelschwer verwirrt war. Eigenen Angaben zufolge war der in der Weststadt wohnende Mann als Müllsammler im Auftrag Gottes unterwegs. Er fand, wie er sagte, in der Südweststadt einen voll behangenen Wäscheständer, fuhr diesen, wie auch die anderen Gegenstände, mit dem Fahrrad in die Waldstadt und entsorgte ihn in einem mit einem Jägerzaun umgebenen Vorgarten, den er für eine Mülldeponie hielt.
Frau Piche fragt sich nun: Wo fehlen Kinderschuhe Größe 27, ein blau-weißer Wäscheständer, hauptsächlich mit Kinderwäsche behangen, drei Rucksäcke mit den Aufschriften „88" und „Pro X, eine dunkelbraune Damenhandtasche und Blumentöpfe verschiedenster Größen und Farben.
Wenn Sie´s wissen, sagen Sie´s uns.

Kindereinbrecher festgenommen

Als ein 43 Jahre alter Mann am 29.11. gegen 14.30 Uhr seine Wohnung in der Tulpenstraße betrat, staunte er nicht schlecht, denn in der Küche bemerkte er zwei fremde Personen. Es waren Kinder, ein Junge und ein Mädchen, die, wie sich später herausstellte, eine rückwärtige Tür eingetreten hatten und in das Haus eingedrungen sind. Dort waren sie gerade dabei nach Stehlenswertem zu suchen, als sie bei ihrer Tat überrascht wurden. Der Rüppurrer hielt die beiden fest, verständigte die Polizei und überstellte die Einbrecher. Für dieses umsichtige Verhalten, das die weiteren polizeilichen Ermittlungen erst möglich machte, möchte ich an dieser Stelle ganz herzlich danken.
Die ersten polizeilichen Feststellungen ergaben, dass es sich bei den beiden Tätern um den 11 Jahre alten Marko und die 12 Jahre alte Silvana handelt. Die beiden Kinder sind bereits in diesem Alter keine Unbekannten bei der Polizei und wie ebenfalls bekannt ist, sind sie auf dem Landfahrerplatz Polygone in Straßburg wohnhaft. Strafunmündige Kinder werden von diesem Landfahrerplatz aus, auch das ist bekannt, gezielt entlang der Rheintalschiene auf Einbruchstour geschickt.

Was passiert nun mit diesen Kindern? Nach Abschluss der polizeilichen Formalitäten werden sie an ein Kinderheim überstellt, wo sie, was ebenfalls bekannt ist, alsbald wieder verschwinden.
Die weiteren Ermittlungen, die in diesem Falle durch das Einbruchsdezernat der Kriminalpolizei geführt wurden, insbesondere die Auswertung von Fingerabdrücken ergab, dass Silvana auch an einem weiteren Wohnungseinbruch im Wichtelmännerweg am selben Tag oder wenige Tage zuvor beteiligt war. In diesem Falle wurde mit brachialer Gewalt die Terrassentür eingeschlagen und das Haus, dessen Bewohner sich in Urlaub befanden, durchsucht. Da der Einbruch erst später festgestellt wurde, ließ sich die Tatzeit nicht genau bestimmen.
Eggenstein-Leopoldshafen, 3.12., 11.20 Uhr: Eine Anwohnerin der Raiffeisenstraße beobachtet zwei Kinder, die sich über einen Kellerabgang dem Nachbarhaus nähern. Sie versuchen, die Kellertür aufzubrechen. Während die Anwohnerin die Polizei verständigte, entfernen sich die Kinder. Sie können wenig später an einer Haltestelle festgestellt und kontrolliert werden.
Es handelt sich um die etwa 16 Jahre alte Marina, wohnhaft auf dem Landfahrerplatz Polygone und die 12 Jahre alte Silvana, die wir bereits aus Rüppurr kennen. Während die strafmündige Marina dem Haftrichter vorgeführt wird, wird die strafunmündige Silvana an ein Kinderheim überstellt.

Kleine Sünden ...

... bestraft der liebe Gott sofort und das weltliche Gericht bekanntlich etwas später.
Unser Jugendsachbearbeiter Polizeikommissar Schweikle brachte nun wieder einmal eine dieser kleineren Sünden ans Licht, was nicht mehr und nicht weniger bedeutet, als dass er einen Tatverdächtigen ermitteln konnte.
Seinen Ermittlungen zugrunde lag die Sachbeschädigung an einem Pkw Anfang Oktober. Drei Jugendliche fuhren damals mit ihren Rädern Rechts der Alb in Richtung Kehler Straße und einem der

Drei, er ist 15 Jahre alt und wohnt in Bulach, machte es aus einem nicht nachvollziehbaren Grund unheimlich Spaß, gegen den Außenspiegel eines Pkws zu treten, so dass der Spiegel nur noch in Fetzen vom Auto hing. Aber das hatte der „liebe Gott" gesehen und er ließ den Jugendlichen ins Straucheln geraten und stürzen. Nein, verletzen wollte er ihn nicht, aber das anschließende Geschrei des Gestürzten war so groß, dass die Autobesitzerin auf den Vorfall aufmerksam wurde.
Während die Jugendlichen nun weiterfuhren, nahm der Freund der Autobesitzerin mit seinem Pkw die Verfolgung auf. Als es an der Weiherfeldbrücke mit seinem Fahrzeug nicht mehr weiterging, setzte er zu Fuß nach, verlor die Drei dann wenig später aber aus den Augen.
Nachdem am nächsten Tag Anzeige erstattet wurde, konnte der Jugendsachbearbeiter diesen Fall mit ähnlich gelagerten in Verbindung bringen. Die Zusammenhänge der Fälle und Zeugenbefragungen ergaben nun peu a peu ein Bild und der Täter konnte ermittelt werden. Es besteht nun der Verdacht, dass er oder seine Freunde für weitere Beschädigungen dieser Art als Täter in Betracht kommen.
Und das Ende vom Lied: Neben der Schadenersatzforderung für den Spiegel in Höhe von etwa 400 Euro, steht nun auch noch eine Anzeige wegen Sachbeschädigung ins Haus.

Krankenhausdieb ertappt

Ach was muss man oft von bösen
Buben hören oder lesen,
die betrügen, schlagen, hehlen,
lügen, rauben oder stehlen,
doch einer sitzt davon im Knast,
ein Pfleger hatte ihn gefasst

Doch alles der Reihe nach. Ein 38jähriger Mann, Stammkunde der Polizei seit 1979 und drogenabhängig, verbüßte bis zum 29.10.03 eine Freiheitsstrafe. Eine freiwillige Entziehung sollte ihm die Reststrafe erlassen, weshalb er in eine entsprechende Einrichtung in Enzklösterle eingeliefert wurde. Dort hielt er es aber nicht lange aus, vielleicht hatte er auch nie ernsthaft vor, sich behandeln zu lassen und verschwand bereits wieder am 31.10.03. Der in Bruchsal geborene Mann setzte sich, wie spätere Ermittlungen zeigten, sofort nach Karlsruhe ab.
Am 2.11.03 suchte er das Diakonissenkrankenhaus auf, einen Ort, an dem er schon früher gewirkt hatte - als Krankenhausdieb. Seinerzeit veranlasste die Krankenhausverwaltung, dass das Personal mittels eines Fotos des Verdächtigen sensibilisiert wird und verdächtige Wahrnehmungen meldet. Das war letztes Jahr.
Nun rechnete der Täter wohl damit, dass Gras über die Sache gewachsen und er vergessen ist. Er hatte sich leicht verrechnet, denn einem Pfleger aus der HNO fiel das Gesicht sofort auf. Er heftete sich an die Fersen des Verdächtigen und verfolgte ihn unauffällig. Da er die Polizei von der Cafeteria aus verständigen wollte, bat er einen Patienten währenddessen die Beschattung fortzuführen und, unter uns gesagt, verdeckter könnte ein verdeckter Ermittler der Polizei auch nicht arbeiten.
Dieser schlappte dem Verdächtigen durch den halben Krankenhausgarten hinterher bis zum Ausgang an der Graf-Eberstein-Straße, anschließend wieder vor zur Steinmannstraße bis zum Eingang zur Geriatrie. Dort trafen Patient, Verdächtiger und ein Streifenwa-

gen in etwa zeitgleich ein. Nach einem dezenten Hinweis wurde der Verdächtige kontrolliert und siehe da, in seiner Hosentasche fanden sich 110 Euro. Der Mann wurde festgenommen.
Zurück zur HNO. Dort konnte der Pfleger den Beamten die Stelle zeigen, wo ihm der Verdächtige zuerst aufgefallen ist. Das war insofern wichtig, weil die Herkunft des Geldes zu klären war. Durch eine Befragung stellten die Beamten fest, dass einer Patientin, nur wenige Zimmer weiter, aus der Nachttischschublade Geld entwendet wurde. Es waren, Sie vermuten es, 110 Euro und genau in der Stückelung, wie sie der Verdächtige mitführte.
Rainer Straub von unserem und natürlich auch Ihrem Polizeiposten übernahm die weitere Bearbeitung. Durch Recherchen stellte er fest, dass der Verdächtige bereits am 31.10.03 im Vincentiuskrankenhaus Südendstraße einen Diebstahl versucht hatte. Dort erwachte der eingenickte Patient und sah einen Fremden in seinem Schrank wühlen. Als er ihn ansprach, verschwand dieser. Nach einer Lichtbildvorlage konnte der Mann, es handelte sich um den Rüppurrer Täter, identifiziert werden. Bei einem weiteren Fall im Vincentiuskrankenhaus Steinhäuserstraße kam es zu einem vollendeten Bargelddiebstahl. Auch hier konnte der Täter von Zeugen nach Lichtbildvorlage erkannt werden.
Zwischenzeitlich sitzt der Mann wieder in Haft, brummt erst einmal die 9monatige Reststrafe ab und kann solange auf seinen Nachschlag warten. Noch was unter uns.
Dem Täter wurden bislang in seiner „Karriere" 164 Straftaten vorgeworfen - und da sind die neuen noch nicht mitgerechnet. Abschließend bleibt mir natürlich nur noch eines. Ein großes Lob an den Pfleger der HNO im Diakonissenkrankenhaus für seine Beobachtungsgabe und sein umsichtiges Handeln und natürlich auch für seinen „Mitarbeiter", der aus polizeitaktischer Sicht hätte nicht besser ausgewählt werden können.

Der Pfleger hier und auch der Kranke,
verhalfen zum Erfolg und Danke.

Graffiti

Werte Eltern! Sollten Ihre Kinder zum Kreis der Sprayer gehören, werden wir von der Polizei sie mit unserer Kriminalprävention wohl nicht erreichen. Aber wir erreichen Sie und das ist wichtig für uns. Sie sind letztendlich auch betroffen, zum einen weil ein Strafverfahren gegen Ihre Kinder eingeleitet wird und zum andern, weil Schadenersatzforderungen auf Sie zukommen können. Wenn sich Ihr Kind also stark für Graffiti-Literatur interessiert, entsprechende Vorlagen fertigt, einen starken Verschleiß an Edding-Stiften hat oder über eine Spraydosensammlung verfügt, auf die ein mittlerer Malerbetrieb neidisch wäre, dann sollten sie doch hin und wieder mal auch ein zweites Auge auf das Treiben Ihrer „Kleinen" werfen.

Handtaschenraub

Leider kommt dies häufiger vor als uns lieb ist. Die Täter sind meistens jung, die Opfer alt. Vielleicht können Sie den einen oder anderen Raub verhindern, wenn sie den Täter nicht noch extra zur Tat motivieren. Motivation für den Täter kann sein, wenn er sieht, wie sie z.B. Ihr Geld auf der Straße zählen oder Ihre Tasche nur lose mit sich führen.

Nicht verhindern können Sie einen Raub, wenn Sie lediglich wenig Bargeld mit sich führen oder die Scheckkarten zu Hause lassen. Das sieht der Täter nicht. Allerdings hätte dies den Vorteil, dass die Beute gering wäre und der Täter feststellt, dass sich Raub nicht lohnt - oder aber andererseits betrachtet, der Täter mehrere Taten verüben muss, um zu „seinem" Geld zu kommen. Das wäre natürlich wieder von Nachteil.

Wenn Sie mal einen größeren Geldbetrag abheben wollen oder müssen, dann bitten Sie einfach Verwandte oder Bekannte, Sie zu begleiten. Allerdings, das mit der Verwandtschaft ist auch wieder so eine Geschichte, wenn man eine gierige Verwandtschaft hat. Das ist dann fast wieder wie Raub.

Festnahme erlaubt

Durch die Schaufensterscheibe beobachtete ein 60 Jahre alter Mann aus Karlsbad die Verkäuferin eines Geschäftes in der Rastatter Straße. Als diese zwischen den Regalen verschwand, ging er in den Laden, steckte sich dort mehrere Schachteln Zigaretten in die Taschen und verschwand sofort wieder.
Er hatte allerdings die Rechnung ohne den Wirt gemacht, denn ein 73 Jahre alter Kunde hatte die Tat beobachtet. Dieser vergaß kurzerhand sein lädiertes Knie und rannte dem Täter hinterher. Schon in Höhe des Nachbarhauses hatte er ihn eingeholt und zur Rede gestellt. Als dieser auch nur zuckte, packte er ihn am Kragen und führte ihn an den Tatort zurück, von wo aus die Verkäuferin die Polizei verständigte. Als uns der Dieb übergeben wurde, räumte er die Tat sofort ein. Es war seine 72ste.
Großes Lob an den mutigen Kunden und wenn ich es persönlich sagen darf, danke lieber Walter, das hast Du fein gemacht, und weil Du mir sagtest, dass Du die Rechtsgrundlage für Dein Handeln bereits wieder vergessen hast, bevor Du zu Hause bist, hier noch mal schriftlich:
Rechtlich gesehen war das eine Festnahme nach § 127 Abs. 1 Strafprozessordnung, demnach kann jeder einen auf frischer Tat erwischten und flüchtigen Täter vorläufig festnehmen. Also, alles klar beim nächsten Mal?

Lederjackenbetrüger

Opfer zweier italienischer Betrüger wurde Mitte Juni eine 80 Jahre alte Frau aus Rüppurr. Sie hielt sich mit ihrem Bekannten am Entenfang auf, als sie mit der altbekannten Masche ... kenne deine Mann von Arbeit, gute Mann und gute Kamerad ... angesprochen wurde. Dass ihr Mann allerdings schon beinahe zehn Jahre tot ist, tat nichts zur Sache.
Was folgte, war die übliche Geschichte und die üblichen Geschenke. Teure Lederjacken und eine Handtasche sollte die Frau

als Geschenk erhalten, da man die Sachen wegen des hohen Zolles nicht in die Schweiz ausführen könnte. Begleitet von einem Wortschwall nach dem anderen, ließen sich die Frau und ihr Bekannter dazu überreden, mit den Italienern in die Wohnung nach Rüppurr zu fahren. Dort erhielten sie auch die versprochenen Lederjacken, zwei Damen- und zwei Herrenjacken sowie eine „echte" Krokotasche. Soweit ist ja noch alles gut gegangen, wobei ich es gar nicht gerne sehe, wenn Sie Fremde in Ihre Wohnung lassen. Aber das ist ein anderes Thema.
Im zweiten Teil dieser „italienischen Geschichte" geht es, wie sollte es anders sein, um das Gegengeschenk und die Betrüger wissen ganz genau, wie sie alte Leute, ihre potentiellen Opfer, anzupacken haben. Ohne nun der Geschädigten und ihrem noch etwas älteren Begleiter irgendwelche Vorwürfe zu machen, muss man an dieser Stelle einräumen, dass die beiden hoffnungslos überfordert waren, was sie auch gerne einräumten.
Damit die Frau auch keine Hilfe erhalten konnte, fädelten es die Täter so ein, dass der jüngere der beiden mit dem Bekannten in der Wohnung zurückblieb und wartete, während der ältere mit der Frau zur Bank fuhr. Ohne mit der Wimper zu zucken, forderte er als Gegenleistung für die Jacken 4.800 Euro. Offensichtlich hatte er durch geschicktes Fragen festgestellt, wie viel da zu holen ist.
Die Frau hob ihr gesamtes Geld und sogar noch etwas mehr ab und gab es dem Betrüger, worauf dieser auf das andere Konto bei einer anderen Bank verwies. Minuten später waren die beiden bei dieser zweiten Bank. Die Frau hob nun noch einmal 3.000 Euro ab und gab auch diese dem Mann. Das ist zwar kaum zu glauben, aber leider kein Einzelfall.
Anschließend fuhr man wieder in die Rüppurrer Wohnung, holte den Bekannten und den Mittäter ab und fuhr zum Entenfang, wo die älteren Leute bei ihrem Auto abgesetzt wurden.
Nun taten sie das, was sie eigentlich vorhatten: Kaffeetrinken. Etwas später und leider um 7.800 Euro ärmer. Die Jacken und die Tasche, das erübrigt sich fast zu sagen, sind das Schwarze unter dem Nagel nicht wert.

Lottoabzocker

Kürzlich erhielt ich von einer Bewohnerin aus der Frauenalber Straße ein bunt aufgemachtes Prospekt der holländischen Firma „Immer Gewinnen", die - Nomen est Omen - selbiges versprach. Vorab hatte die Dame, wie ihr mitgeteilt wurde, ohne einen Finger zu rühren, schon mal 60.000 Euro gewonnen.
Lange Rede kurzer Sinn. Frau R. sollte für teures Geld an einem Gewinnspiel teilnehmen. Ich habe mir dann die Unterlagen mal genauer angesehen und siehe da, in einer kaum lesbaren Schriftgröße, dunkelgrün, auf geschnörkeltem weiß-grünem Hintergrund standen die Geschäftsbedingungen der Firma, die ich nur mühsam entziffern konnte. So stand da (auszugsweise) zu lesen:

Die Gewinner wurden in einer Vorabziehung ermittelt
(was immer das heißt)
Die Gewinnanforderung (60.000) muss innerhalb
von drei Tagen bei „Immer Gewinnen" eingegangen sein
„Immer Gewinnen" haftet nicht für den Verlust der Teilnehmerunterlagen
Fragen zur Ermittlung der Gewinner und der Preise können nicht beantwortet werden
Es gilt das niederländische Recht.

Noch Fragen?

Lust auf Urlaub?

Hätten Sie nicht Lust mit mir zu verreisen - kostenlos natürlich? Wir könnten fünf Tage nach Bella Italia oder nach Böhmen - und alles ist schon bezahlt. Ich bin nämlich ein Rätselgast und ein mir nicht bekanntes Reiseunternehmen hat mich und eine Partnerin als Glückspaar sozusagen eingeladen.
Und das kam so: Irgendwann und irgendwo habe ich an einem Werbestand ein kleines Kärtchen ausgefüllt. Dabei musste ich ein

Grautier mit vier Buchstaben erraten und das Wort in Kästchen eintragen. Und damit es nicht zu schwer war, gab es eine kleine Hilfe.

E	S		L

Hätten Sie das auch erraten? Ich weiß nicht, ich weiß nicht.
Ich habe es jedenfalls gewusst und nun geht es mit dem Komfort-Fernreisebus in ausgesuchte Hotels. Kostenlos - so ist es dem Prospekt zu entnehmen - alles bezahlt, tutti completti.
Allerdings muss ich bei meiner Anmeldung erst die allgemeinen Reisebedingungen des Veranstalters anerkennen und die hat er vergessen mitzuschicken. Dann steht da im Prospekt noch was von „Gastcardshopping" und einem Geschenk. Sollte das vielleicht eine Mega-Verkaufsveranstaltung sein? Vier Tage Kieselerde und Heizdecken. Super! Etwas windig das Angebot, finde ich und ich glaube, liebe Reisebegleiterin, wir sollten das Ganze noch einmal überschlafen.

Nackt am Barbarossaplatz

Den nackten Mann vor dem Wildparkstadion kennen Sie vermutlich, aber den nackten Mann vom Barbarossaplatz wahrscheinlich nicht. Den lernten meine Kollegen Krawczyk (sprich: Krafftschik) und Anschütz vom Streifendienst Anfang Juli kennen.
Gottes Wege sind oft seltsam, oder wie ist sonst zu erklären, dass sich ein circa 50jähriger Mann splitterfasernackt auszieht. Der aus dem Raum Alzey stammende Mann war auf dem Weg nach München, um sich einer Magenuntersuchung zu unterziehen. Aus nicht nachvollziehbaren Gründen fuhr er in Karlsruhe von der Autobahn ab und parkte in der Ebertstraße. Er zog sich, wie gesagt, aus und wanderte über den Barbarossaplatz in Richtung Karlstraße. Dort legte ihm zunächst jemand einen Bademantel um.
Die polizeilichen Feststellungen ergaben, dass der Mann völlig orientierungslos war, er konnte sich weder an seinen Namen, Be-

ruf oder an seine Familie erinnern. Durch Hinweise auf den Pkw konnte schließlich seine Identität festgestellt werden. Die verständigte Ehefrau war hinsichtlich des seltsamen Verhaltens sprachlos, denn so etwas hatte sie noch nicht erlebt. Sie holte ihren Mann, der vorsorglich noch ärztlich untersucht wurde und den Pkw in Karlsruhe wieder ab.

Neues vom Betrügermarkt

Mitte Oktober ging wieder vielen Haushalten ein Schreiben zu, indem die „Insolvenzverwaltung Süd", Postfachfirma in Osnabrück, erklärt, dass auf einem Guthabenkonto noch ein Restbetrag von 298 Euro stünde. Diesen Betrag möchte man bitte abrufen, damit er, wie sollte es anders sein, bei einer Werbeverkaufsfahrt ausgehändigt werden könne. Außerdem würde jeder Fahrtteilnehmer ein Fernsehgerät erhalten. Natürlich alles Humbug.
Ein anderes „Postfach", diesmal aus Vechta, lädt zum Feiern mit dem Lube Hof ein. Bei dieser Fahrt erhält jeder Teilnehmer einen DVD-Player oder wahlweise 99 Euro, und man höre und staune, ein 18,5 kg schweres Schlemmerpaket. Hierzu bemerkt der Veranstalter sinnigerweise, man möge auf jeden Fall zwei stabile Tragetaschen und eine zweite Person zum Tragen mitbringen. Dabei stellt sich natürlich unwillkürlich die Frage: Wer hilft der zweiten Person, die ja auch ein Schlemmerpaket erhält, beim Tragen. Ganz klar die dritte, und der...?
Wir sehen schon, auch Betrüger haben Humor.

Autoschlange

Dienstag, 29.06.04, 14.30 Uhr, Allmendstraße.
Ein Caddy steht mit eingeschalteter Warnblinkanlage auf der Fahrbahn. Erschreckte Kinder und Frauen halten respektvoll Abstand, die Polizei wird gerufen.
Wenig später treffen Frau Nowotny und ich am „Tatort" ein und stellen den Sachverhalt fest.

Es ergibt sich folgendes Bild: Eine Kurierfahrerin möchte sich bei einer Passantin nach dem Weg in die Schauinslandstraße erkundigen. Sie hält an und versucht, verbal Kontakt aufzunehmen. Da dies bei geschlossener Autotür relativ schwierig ist, öffnet die Passantin der besseren Verständigung wegen die Beifahrertür. Sie sieht zunächst die Frau am Steuer und Sekundenbruchteile später etwas rötlich-geringelt-längliches aus dem Fußraum züngeln. Was zunächst wie ein Kinderspielzeug aussah, entpuppte sich im nächsten Augenblick als lebendige Schlange.

Beifahrertür zu, Gurt auf, Fahrertür auf, Warnblinker an, aussteigen, Tür zu, Schock verdauen, Polizei rufen ...

... und tatsächlich, im Fußraum lag eine Schlange und dass sie lebte zeigte der Umstand, dass sie sich zwar langsam, aber doch stetig hinter der dort abgestellten Handtasche verkroch.

Die Schlange war somit, sagen wir mal, im gelockerten polizeilichen Gewahrsam. Einstimmig waren Frau Nowotny und ich mit den Umstehenden der Meinung, dass dieses zum einen keine einheimische Schlange war und zum andern, dass sie aufgrund ihrer Zeichnung äußerst giftig sein musste. Obwohl die Kinder mit ihr spielen wollten, lautete Frau Nowotnys Anordnung: Die Autotür bleibt zu. Wer holt die Schlange aus dem Auto?

Früher hatten wir Herrn Zacharias, den Mann für alle Fälle, heute müssten wir das selbst erledigen, gäbe es nicht noch das Vivarium. Ein Mitarbeiter war schnell abgeholt und als er dem Streifenwagen entstieg, enttäuschte er doch etwas, da er weder Stock noch einen Sack dabei hatte und nicht mal Handschuhe trug. Er öffnete auch ohne zu zögern die Autotür. Kaum hatte er die Schlange entdeckt, nahm er sie auch schon auf den Arm und ließ sie an sich herumkriechen. Was für ein Mann!

So ganz nebenbei erzählte er, dass es sich hier um eine ungefährliche Kornnatter handeln würde. Er übergab sie den Kindern, die sie auf sich herumkriechen lassen durften und erklärte fachmännisch, dass es sich um eine Züchtung handele, da die Farbe heller wäre als in der Natur. Die Schlange wurde zwischenzeitlich von den Kindern an meine zahlreichen Kollegen weitergereicht und

ich berührte sie auch mal kurz mit dem Zeigefinger, um ebenfalls „dabei“ zu sein. Bevor es sich die Schlange schließlich im Rucksack einer Passantin bequem machen konnte, nahm sie der Fachmann vom Vivarium wieder an sich und nahm im Streifenwagen Platz, wobei er bedauerlich meinte, dass er nun eine Stelle für deren Unterbringung suchen müsse, da das Vivarium platzmäßig an seine Grenzen stoße.
Die Schlange fühlte sich, das sah ich ihr an, in Rüppurr sichtlich wohl, aber der artgerechten Haltung wegen musste sie trotzdem zunächst ins Vivarium umziehen und somit fand auch dieser Fall ein glückliches Ende …
… gäbe es da nicht die Frage: Wie kam die Schlange in den Pkw? Aus einer aktuellen Lieferung stammte sie nicht und so schließt sich die zweite Frage an: Wie lange lag sie schon unter dem Sitz? Sie, liebe Leserinnen, liebe Leser, sollten sich nicht allzu sehr sorgen. Solche Fälle sind äußerst selten und ich kann mich nicht daran erinnern, dass beim Polizeiposten jemals ein schädigendes Ereignis mit einer Schlange gemeldet wurde. Sollten Sie aber trotz allem beunruhigt sein, gibt es zwei Möglichkeiten, Ihr Auto schlangenfrei zu machen: A) Sie können es die Nacht über entweder ins Gefrierfach stellen oder B) in den Trockenraum einer Lackiererei.

Bagadellen

Mitte September erschien eine ältere Dame aus Ettlingen auf unserer Dienststelle und schon beim Betreten der Wache konnte ich sehen, dass die Frau nicht gut zu Fuß war. Dies wusste die Dame auch und nach einer mittleren Aufklärungsphase über ihren Gesundheitszustand im Allgemeinen und im Besonderen, kam sie dann doch noch zur Sache.
Sie sei, so sagte sie, am vergangenen Dienstag, also vor zwei Tagen, im Diakonissenkrankenhaus gewesen, das Bein wissen Sie, man müsste wegen der Durchblutung ... aber das hatten wir schon. Nun ja, sie habe halt in der Graf-Eberstein-Straße einen Parkplatz gesucht und auch einen gesehen, auf der anderen Straßenseite. An

der Baustellenausfahrt vom Diakonissenkrankenhaus habe sie mit ihrem roten Golf wenden wollen und da sei es halt passiert. Sie wäre mit dem Fuß von der Bremse aufs Gaspedal geraten und ihr Wagen sei deshalb rückwärts gegen einen Mast gefahren. Es hätte schon gekracht, aber, so meinte sie weiter, das wäre bestimmt vom Sprung in der Heckscheibe gekommen. Viel könnte nicht passiert sein und sie sei dann ohne auszusteigen sofort in ihre Werkstatt gefahren. Dort hätte man ihr allerdings zu einem Neukauf geraten, da das alte Fahrzeug doch erheblich beschädigt sei.

Also sagte ich, da fahren wir doch gleich mal in die Graf-Eberstein-Straße und schauen uns das an. Gesagt, getan, ich besah mir mit der Dame den „Tatort" und bei der Besichtigung des fraglichen Masts stellte ich dann fest, dass dieser gut um die Hälfte mit rotem Lack und schwarzen Kunststoffantragungen versehen war und logisch, wo Fremdmaterial ist, da war auch Auto, in diesem Falle ziemlich viel Auto. Links des Masts stand ein silberfarbener Polo, der seltsamerweise vom rechten Rücklicht bis zur Beifahrertür dieselben Antragungen wie der Mast aufwies.

Auch ohne polizeiliche Ausbildung hätten Sie, liebe Leser gemerkt: Das kann kein Zufall sein.

Ein Zufall war es tatsächlich nicht, denn an besagtem Dienstag nahmen die Kollegen vom Streifendienst bereits einen Unfall auf, bei dem der silberne Polo beschädigt wurde und der Verursacher flüchtig ging. Der Aufprall, so war aus der Unfallakte zu entnehmen, war so stark, dass der Polo sogar noch auf den links davon geparkten Pkw geschoben wurde. Dieses Fahrzeug wurde ebenfalls beschädigt.

Da in solchen Fällen die Sachbearbeitung der Unfallfluchtermittlungsgruppe obliegt und diese die Unfallakte schon vorliegen hatte, wurden die Erkenntnisse unverzüglich dem dortigen Sachbearbeiter mitgeteilt, der die weiteren Ermittlungen übernahm. Die Autofahrerin habe, wie er mir später erzählte, ihr Fehlverhalten eingesehen und ihren Führerschein freiwillig abgegeben; in diesem Falle, so scheint es, die Garantie für ein längeres Leben.

Pakete unterschlagen

Die falsche Berufswahl hatte wohl unser Paketzusteller aus der Karlstraße getroffen, der die Hälfte seiner Ware unterschlagen und die andere Hälfte mit seinem Transporter ohne Fahrerlaubnis ausgefahren hat.

Der 44jährige war den Kollegen des Streifendienstes aufgrund vorangegangener Vorfälle wegen Fahrens ohne Fahrerlaubnis bereits bekannt und so kam, was kommen musste. Am 8.11.03, gegen 15.50 Uhr fiel er einer Streife auf der Ebertstraße auf und sollte kontrolliert werden. Aber auch der Paketzusteller war auf den Streifenwagen aufmerksam geworden und noch bevor er kontrolliert werden konnte, hatte er seinen Pkw abgestellt und war zu Fuß geflüchtet. Dabei hatte er allerdings die Rechnung ohne den Wirt gemacht, denn eine zweite Streifenbesatzung wurde zur Wohnung des Mannes beordert. Die Beamten mussten nicht lange warten, denn nach wenigen Minuten traf der Gesuchte dort ein. Er wurde von den Beamten verhaftet, denn sie hatten zu seiner Überraschung noch einen Haftbefehl dabei, der aus einem früheren Ermittlungsverfahren herrührte.

Der Pkw wurde von der ersten Besatzung sichergestellt und bei einem Abschleppdienst verwahrt, der Paketzusteller wurde von der zweiten Besatzung festgenommen und in die Vollzugsanstalt Karlsruhe eingeliefert und so endete dieser Arbeitstag für ihn pünktlich um 16.00 Uhr.

Für alle, die es nicht wissen, das Karlsruher Gefängnis befindet sich in der Riefstahlstraße 9, citynah, mit altem Baumbestand und demnächst mit Stadtbahnanschluss, was von den Bewohnern allerdings wenig geschätzt wird.

Zwei Tage nach diesem Vorfall erstattete ein Karlsruher Stützpunktleiter eines Paketdienstes Anzeige gegen einen Subunternehmer. Dieser hätte, anstatt seine Sendungen zuzustellen, immer wieder die Hälfte zurückgebracht. Schließlich hätte er sich gar nicht mehr gemeldet und seit zwei Tagen könnte er ihn auch nicht mehr erreichen. Dieser Umstand war dann schließlich leicht

zu erklären, denn seit dieser Zeit saß der Mann ja in amtlichem Gewahrsam.
Bei den anschließenden Ermittlungen konnten im sichergestellten Pkw noch einige der auszuliefernden Sendungen aufgefunden werden. Bei der Auswertung des Scanners, (das sind die kleinen Handgeräte, in denen die Paketdaten gespeichert sind und auf denen man den Empfang quittiert), der sich in der Wohnung befand, wurde bei einer ersten Überprüfung festgestellt, dass nicht alle Pakete ordnungsgemäß zugestellt wurden, denn im Unterschriftenfeld waren jede Menge gleicher Kritzel festzustellen, was darauf schließen lässt, dass die Unterschriften von ein und derselben Person nachgemacht wurden.
Bei den abschließenden Ermittlungen wird abzuklären sein, welche Sendungen mit welchem Wert zu wessen Nachteil unterschlagen wurden. Anschließend wird die Strafanzeige der Staatsanwaltschaft vorgelegt und wir dürfen schon heute gespannt sein, wie hoch der „Nachschlag“ ausfällt.

Frisch gestrichen

Unserer Dienststelle wurde am 22. Juni gemeldet, dass die Parkbank am Mühlwiesenweg mit Farbe und Stiften verschmiert sei. Der Jugendsachbearbeiter Herr Schweikle nahm sich der Sache an und sein Anfangsverdacht, dass es sich bei den Verursachern um seine Klientel handelt, erhärtete sich, als er die Schriftzüge las.
Er setzte sich mit dem Klassenlehrer zusammen und dieser hatte innerhalb kürzester Zeit die Namen der „Künstler“ festgestellt.
Ein Strafverfahren wegen Sachbeschädigung sollte nun eingeleitet werden, aber da gab es für unseren Jugendsachbearbeiter eine kleine Überraschung: Denn quasi über Nacht erstrahlte die Bank im alten Glanz und nicht ein Schriftzug war mehr zu erkennen.
Gereinigt wurde die Bank von den Verursachern selbst und das Gartenbauamt sah nun keine Veranlassung mehr, Strafantrag wegen Sachbeschädigung zu stellen.
Wie mir zu Ohren gekommen ist, wurde zur Reinigung der Bank

Nagellackentferner in großen Mengen verwendet, welcher nach allgemeiner Erfahrung aus den häuslichen (mütterlichen) Beständen stammen dürfte. Wie einvernehmlich das aber zu Hause abgesprochen wurde, war schließlich nicht mehr Teil der Ermittlungen. Insgesamt hat dieser Fall, wenn er auch nicht weltbewegend war, doch gezeigt, was eine gute Zusammenarbeit zwischen Schule und Polizei ausmacht. Es gilt ja nicht, die Jugendlichen zu bestrafen, sondern sie auf ihr Fehlverhalten aufmerksam zu machen...
... und sind wir mal ehrlich, haben sie doch gut gemacht.

Paris ...

... war diesmal das Lösungswort eines idiotischen Preisrätsels, bei dem man gewinnen konnte ohne überhaupt mitgeraten zu haben. Viele Mitbürger aus unserem Dienstbezirk erhielten entsprechende Post von der Firma Platinum-Spezial und die Zusage, einen Mindestpreis im Wert von 499 Euro gewonnen zu haben. Mit der beigefügten Antwortkarte konnte der Preis bei dieser Postfachfirma angefordert werden.
Auch ohne Hellseher zu sein, liegt es doch auf der Hand, dass da wieder einmal eine Gaunerei dahinter steckt. Doch welche ist es diesmal? Um diese Frage zu klären, bitte ich die Leser, die ihre Antwortkarte zurückgeschickt haben um Aufklärung, wie die Sache weiterging.

Langzeitparker

„Darf ein Auto mit Rastatter Kennzeichen vor unserem Haus parken?"
„Ja!"
„Auch zwei Wochen lang?"
„Ja."
„... und wenn ich mal zu schnell fahre, dann gibt´s gleich einen Strafzettel."

Das hat dann zwar nichts mit der Sache zu tun, aber ein derartiger Gesprächsverlauf ist nicht außergewöhnlich. Solche oder ähnliche Anfragen erreichen uns regelmäßig und meistens geht es um Lkw, die in einem Wohngebiet abgestellt sind oder gar vor einem Fenster stehen und in der Regel durch ihre Größe stören.
Gott sei Dank gibt es da die Straßenverkehrsordnung, die so manches regelt. Die Lkw betreffend heißt es dort auszugsweise:

> „Mit Kraftfahrzeugen mit einem zulässigen Gesamtgewicht über 7,5 t sowie mit Kraftfahrzeuganhängern über 2 t zulässiges Gesamtgewicht ist innerhalb geschlossener Ortschaften in reinen und allgemeinen Wohngebieten das regelmäßige Parken in der Zeit von 22.00 Uhr bis 6.00 Uhr sowie an Sonn- und Feiertagen unzulässig."

Und wenn wir schon beim Parken sind, noch kurz ein Wort zu Wohnwagen und anderen Anhängern. Mit Kraftfahrzeuganhängern ohne Zugfahrzeug darf nicht länger als zwei Wochen geparkt werden, so die StVO, aber bitte beachten: Wohnmobile sind nicht mit Wohnwagen gleichzusetzen.

Perverser Briefeschreiber

Mindestens drei Haushalte Im Grün erhielten Anfang Dezember unfrankierte Briefe, deren handgeschriebener sexistischer Inhalt auf einen perversen Verfasser schließen lässt.
Die Empfänger der Briefe sind nicht namentlich benannt. Die Briefe sind mit „An alle Häuser „Im Grün", 76199 Karlsruhe, adressiert und wurden vermutlich vom Schreiber persönlich eingeworfen.
Um den Briefen von außen einen seriösen Touch zu geben, ist auf der Rückseite der Namenszug eines Automobilclubs oder einer städtischen Behörde aufgeklebt.
Sollten Sie ebenfalls einen der Briefe erhalten haben, melden Sie es uns bitte.

Pkw-Aufbrüche im Weiherfeld

Zwei Pkw Aufbrüche, der eine in der Neckarstraße, der andere in der Donaustraße, wurden uns am 07.06.04 gemeldet. In beiden Fällen hebelte der Täter mit brachialer Gewalt die Fahrzeugtür auf, entriegelte sie und entwendete das Autoradio.
Durch die Art des Aufbruches entstand in der Tür ein Knick, der so genannte Polen- oder Rumänenknick, der darauf schließen lässt, dass der Täter aus dem osteuropäischen Raum kommt.
Allerdings dürfen wir nicht gänzlich ausschließen, dass diese Vorgehensweise auch von deutschen Tätern kopiert wird und der Weiherfelder Täter zum Beispiel nur in der Oststadt und nicht in Osteuropa zu suchen ist.

Pkw-Diebstähle geklärt

Am 28. Januar wurde der Diebstahl eines Pkw, der Am Eichelgarten geparkt war, gemeldet. Hinweise auf einen Tatverdächtigen hatte der Sachbearbeiter, Polizeihauptmeister Stumpf, damals nicht. Am 6. Februar wurde unserer Dienststelle ein verdächtiger Pkw mit GER -Kennzeichen gemeldet, welcher seit einigen Tagen unverschlossen gegenüber dem Diakonissenkrankenhaus abgestellt war.
Polizeihauptmeister Stumpf stellte bei seiner Überprüfung fest, dass dieser Pkw als gestohlen gemeldet ist und er stellte auch sofort einen Tatzusammenhang mit dem Am Eichelgarten entwendeten Pkw her.
Es ist nämlich nicht ganz außergewöhnlich, dass Pkw-Diebe die Fahrzeuge wechseln und in unmittelbarer Nähe, wo sie ihr gestohlenes Fahrzeug abstellen, ein anderes entwenden.
Der Grund ist vermutlich der, dass sie nicht gerne zu Fuß gehen.
Polizeihauptmeister Stumpf führte an dem aufgefundenen Fahrzeug eine Spurensicherung durch, bei der er DNA-fähiges Material, das können zum Beispiel Zigarettenkippen sein, sicherte.

Zurück zum Diebstahl Am Eichelgarten. Durch einen Strafzettel, welchen die Geschädigte zugesandt bekam - sie war ja immer noch Fahrzeughalterin - erhielt sie Kenntnis darüber, dass ihr Fahrzeug in der Lenzstraße in der Südweststadt steht oder zumindest zum Zeitpunkt der Ausstellung des Strafzettels dort gestanden hat.
Sie verständigte Polizeihauptmeister Stumpf, der die Örtlichkeit überprüfte und den Pkw immer noch dort abgestellt vorfand. Wiederum konnte er DNA-fähige Spuren sichern. Bei der Monate später durchgeführten Auswertung der Spuren konnten die Sachverständigen einen Tatverdächtigen feststellen und zwar eine Person, die bereits bei einer anderen Straftat eine Speichelprobe abgegeben hatte und deshalb in der DNA-Datei einlag. Bei dem Tatverdächtigen handelt es sich um einen 34jährigen Deutschen, der bis vor kurzem noch in der Vollzugsanstalt Karlsruhe einsaß, jedoch zum Zeitpunkt, als das Auswertungsergebnis vorlag, bereits wieder entlassen war. Der Mann ist ohne festen Wohnsitz ... und vermutlich wieder mit einem gestohlenen Pkw unterwegs.

Rotlichtszene in Rüppurr

Mitte des Monats rief eine ältere Dame an und verlangte den Nachfolger von Helmut Zacharias zu sprechen. Dieser befindet sich, wie Sie sicher wissen, seit Anfang des Jahres im Ruhestand. Mit Herrn Zacharias hatte sie wohl schon gute Erfahrungen gemacht und hoffte, dass es so bliebe.
Es handelte sich, wie sich schnell herausstellte, um einen sehr delikaten Fall, denn die Dame hatte in einem Nachbarhaus ein rotes Licht im Fenster entdeckt. Was sie daran störte, war zum einen, dass sie sich dadurch ständig fotografiert fühlte und zum andern ein vermeintlicher Einfluss schädlicher Strahlen.
Trotz größter Überzeugungskraft und mit Engelszungen geredet, gelang es meinem Kollegen nicht, die Dame zu beruhigen. Für uns zeigt dieser Fall, dass unser Spezialist für Sonderfälle, Herr Zacharias, doch eine große Lücke hinterlassen hat, die wir nun aber unter Aufwendung größter Anstrengungen zu schließen versuchen.

Kojak

Ein unerwartetes Erlebnis hatte Mitte September ein Rüppurrer im Bereich Kronau.
Er verbrachte den Abend mit ein paar Kumpels in der Diskothek A 5 und zog sich, man war ja auch schon an die Vierzig, gegen 4.00 Uhr ins Fahrzeug zurück. Dort wartete er stocknüchtern, er war ja als Fahrer eingeteilt, auf seine Freunde. Von seinem Standort aus konnte er den Eingang beobachten und dabei auch, wie drei junge Männer die Disko verließen. Nichts ahnend, was nun passieren sollte, kamen die Drei auf seinen Kleinbus zu, ohne zu bemerken, dass er hinter dem Steuer saß. Einer der Drei, er fiel ihm durch einen Gehfehler auf, trat nun im Vorbeigehen unvermittelt gegen die vordere Stoßstange seines Busses und im weiteren Verlauf gegen mehrere Pkw der gehobenen Klasse. Dabei wurden Spiegel, Türen und andere Karosserieteile beschädigt, in einem Falle auch eine Antenne abgebrochen. Dabei entstand ein Sachschaden von mehreren tausend Euro. Auffallend war, dass lediglich einer der Drei als Täter auftrat.
Der Rüppurrer stieg nun aus, ging in einem sicheren Abstand den Dreien hinterher und verständigte während dessen die Polizei. Als sie dies bemerkten, gingen sie zu einer Baumgruppe, wo sie sich versteckten. Innerhalb weniger Minuten erschienen die Streifenwagen und nach dem Hinweis auf das Versteck, waren die Drei kurz darauf festgenommen. Die anschließende Identifizierung des Täters, er ist 20 Jahre alt und stammt wie seine Begleiter aus dem Raum Nagold, war aufgrund seines Handicaps ein leichtes.
Ich finde, dieses umsichtige Verhalten hat ein großes Lob verdient. Gut gemacht, Kojak.

Schlange festgenommen

Mitte Juni wurde unsere Dienststelle davon informiert, dass sich im Keller des RFG – Sportheimes eine aggressive Schlange befinden würde. Als ich kurz darauf dort eintraf, war die Schlange be-

reits festgenommen und in einem Karton eingesperrt, was mir ehrlich gesagt gar nicht unrecht war.
Sie erschien durch ihr Verhalten aber doch recht giftig und ihre angedeuteten weißen Öhrchen ließen auch nichts Gutes verheißen.
Die Ernüchterung kam wenig später im Vivarium. Der Fachmann klärte uns darüber auf, dass es sich bei dem Tier um eine harmlose und ungiftige Ringelnatter handeln würde. Allerdings wäre trotzdem Vorsicht geboten, denn die Ringelnatter verfüge über eine Drüse, mit der sie ein übel riechendes Sekret verspritzen kann, das über Tage anhaftet.

Der Schwalbenmann

Seit Monaten erhielt unser Polizeiposten Hinweise darauf, dass ein Mopedfahrer ohne Kennzeichen regelmäßig die Marie-Luise-Kaschnitz- und Battstraße befahren würde. Am 9. Juli besaß der Fahrer sogar die Dreistigkeit, sein Fahrzeug an einer Tankstelle zu betanken, was uns natürlich sofort gemeldet wurde. Dieser Boxenstopp sollte uns genügen, den Tatort anzufahren und den Täter zu stellen. Und siehe da, bei unserem Eintreffen überquerte just vor dem Streifenwagen eine gelbe Schwalbe, das Standartmoped der früheren DDR, die Herrenalber Straße. Der Fahrer hatte nun keine Chance mehr: Kontrolle.
Dieser wähnte sich im Recht, das sei übrigens in „Schwalbenkreisen“ bekannt und verwies auf die Nummer 2 in seinen Versicherungsbedingungen, wo zu lesen stand:
„Kleinkrafträder und Fahrräder mit Hilfsmotor i.S.d. bisherigen Bestimmungen der DDR bis 50 ccm und einer Höchstgeschwindigkeit von nicht mehr als 60 km/h brauchen keine amtlichen Kennzeichen zu führen, wenn sie bis zum 20.2.1992 erstmals in Verkehr gekommen sind.“
Aber halt: Ganz so einfach ist die Sache nicht, denn es ist von einem amtlichen Kennzeichen (von der Zulassungsstelle) die Rede, nicht von einem Versicherungskennzeichen. Dieses braucht er nach der Straßenverkehrszulassungsordnung (StVZO) auf jeden Fall. Das

sagen auch meine Kollegen von der Verkehrsüberwachung und die müssen es schließlich genau wissen. Da das Fahrzeug ordnungsgemäß versichert und der Fahrzeugbesitzer einem Gerücht aufgesessen war und ich ein guter Mensch bin, konnte von einem Verwarnungsgeld abgesehen werden.
So klärte sich auch dieser Fall, den ich mit einem nachträglichen Glückwunsch an den „Schwalbenmann" zu seinem 59sten Geburtstag abschließen möchte.

Unterbelichtet ... ?

Stellen Sie sich vor, Sie haben ein Kleinkraftrad und wollen es mit etwas Schnickschnack verschönern. Entsprechend Ihrer technischen Fähigkeiten werden Sie das Fahrzeug in eine Werkstatt bringen oder die Teile in einem Fachgeschäft erwerben und selbst montieren. Es gibt da allerdings, wie zwei 15jährige bewiesen haben, noch eine dritte Möglichkeit.
Sie hatten den Wunsch, an einem ihrer Mofaroller, sie wussten noch gar nicht an welchem, eine Unterbeleuchtung anzubringen. Die gibt es tatsächlich in Form von Leuchtdioden. Im Fahrbetrieb sind die zwar verboten, doch kann man im ruhenden Verkehr ganz schön damit angeben. Leider harmonierte dieser Wunsch nicht mit der augenblicklichen finanziellen Situation der beiden, weshalb sie die eingangs erwähnte dritte Möglichkeit wählten.
Und so fuhren sie in den Abendstunden des 13. November mit einem ihrer Roller in die Nähe des Tatortes im Heinrich-Heine-Ring. Dort, so wussten sie, stand ein Roller, der die begehrte Unterbodenbeleuchtung schon hatte und die galt es abzumontieren.
Gesagt, getan. Sie machten sich an die Arbeit, nicht ahnend, dass ihr schändliches Tun beobachtet wurde. Vom Wohnzimmer aus, vor dessen Fenster der Roller stand, sah der Vater des Geschädigten, es handelt sich dabei um dessen 15 Jahre alten Sohn, dem Treiben eine Zeit lang zu und machte dann unmissverständlich auf sich aufmerksam.
Während einer der beiden Täter sofort die Flucht ergriff und einen

Teil des Diebesgutes mitnahm, vollendete der andere das Werk, was zum einen als Unverfrorenheit bezeichnet werden könnte, andererseits aber auch eine gewisse Sorgfalt erkennen lässt und entfernte sich dann ebenfalls mit dem Rest der Beute.
Vater und Sohn sahen da aber nicht tatenlos zu und nahmen mit dem Pkw die Verfolgung auf. Sie erkannten die Täter in Höhe der Battstraße, als sie den dort abgestellten Flucht-Mofaroller bestiegen und verfolgten sie.
Die Täter hatten nun zweifaches Pech, oder sagen wir, die Verfolger hatten das Glück des Tüchtigen. Zum einen konnte der Vater das Kennzeichen des Rollers ablesen, zum andern erkannte der Sohn einen der beiden und kannte seinen Vornamen. Mit dieser „Steilvorlage" hatte nun unser Jugendsachbearbeiter, Polizeikommissar Schweikle, leichtes Spiel, „den Ball zu versenken".
Er kennt seine Pappenheimer und es kam, was kommen musste: Ein Ermittlungsverfahren wegen Diebstahls wurde eingeleitet. Als die beiden Tatverdächtigen davon Wind bekamen, galt für sie nur eines: Schadensbegrenzung.
Also wurde das Diebesgut, das sie auf dem Spielplatz Seewiesenäcker zwischengelagert hatten, sofort wieder zurückgebracht. Zwei bei der Demontage beschädigte Lüftungsgitter wurden von ihnen großzügig ersetzt und als Entschuldigung überbrachten sie noch ein Fläschchen Wein.
Damit erreichten sie schon mal, dass die geschädigte Familie auf einen Strafantrag verzichtete. Da aber letztendlich auch ohne Strafantrag eine Anzeige an die Staatsanwaltschaft vorzulegen ist, hat auch hier der Staatsanwalt das letzte Wort.

Seltsam, seltsam ...

... was da im Wohnstift vor sich geht - aber keine Angst, liebe Senioren und „Seniorinas", für Sie droht keine Gefahr.
Eine konkrete Gefahr besteht allerdings für die Bücher aus der Bücherei. Seit Wochen werden immer größere Lücken in den Regalen festgestellt, was darauf schließen lässt, dass schon etliche Bücher

entwendet worden sind. Richtet sich der Tatverdacht gegen einen Bewohner? Mitnichten! Eher würden sie, wie ich sie kenne, ein Buch dazustellen, als dass sie auch nur eines wegnähmen. Die ersten Ermittlungen haben bislang folgendes ergeben: Eine Reinigungskraft sah Mitte September, morgens um 5.15 Uhr, eine unbekannte Frau mit Rucksack im Untergeschoß vor der Bücherei stehen. Die Reinigungsfrau ging weiter ihrer Arbeit nach und kam nach etwa zehn Minuten wieder zurück. Da war die verdächtige Frau verschwunden. Die ganze Situation war aber doch sehr ungewöhnlich, so dass sich die Reinigungsfrau dazu entschloss, der Sache ein Stück weit nachzugehen.
Sie begab sich ins Lesezimmer im Erdgeschoß, das sich genau über der Bücherei befindet und schlich die Treppe, die Lesezimmer und Bücherei direkt verbindet, zur Hälfte hinunter. Nun sah sie die Frau von vorhin, den Rucksack mit Büchern voll gestopft, zwischen den Regalen stehen. Auf das, was sie da mache angesprochen, erklärte sie, Bücher für die Kinder zu holen. Sie gab auch einen Namen, „Wiedemann", an und verließ dann raschen Schrittes die Örtlichkeit. Die Frau konnte wie folgt beschrieben werden: Circa 40 Jahre alt, mittlere Figur, etwa 155 cm groß, dunkelrötlich gefärbte, nackenlange Haare, sie führte einen blauen Rucksack mit sich. Diese Frau, so die Reinigungskraft, habe sie bereits früher im Bereich Krokusweg gesehen. Es ist also nicht auszuschließen, dass sie im näheren Umfeld wohnt.
Sie, liebe Bewohnerinnen und Bewohner des Erlenweges bitte ich, keine Einzelaktionen zu unternehmen, halten Sie Augen und Brillen auf und melden Sie verdächtige Beobachtungen Ihrer Polizei.

Später Gast

Zu einem vermeintlichen Hausstreit wurden Mitte Dezember die Kollegen des Streifendienstes in den Krokusweg gerufen. Eine 70jährige Frau hatte über die Notrufnummer der Feuerwehr gemeldet, sie würde von ihrem Mann misshandelt. Nachdem die Kollegen am Tatort eingetroffen waren, trat ihnen die scheinbar

misshandelte, aber unverletzte Frau entgegen. Sie hatte zuvor an einem Busch einige Zweige abgerissen, welche sie, um unerkannt zu bleiben, vor das Gesicht hielt. Dergestalt getarnt schilderte sie den Sachverhalt.
Es stellte sich jedoch heraus, dass keine Misshandlung vorlag, das Paar bereits seit neun Jahren getrennt lebt und dies letztendlich doch kein Fall für die Polizei ist. Der Soziale Dienst wurde eingeschaltet und wird sich des Problems annehmen.
Nicht weit entfernt davon wurde eine ältere Dame aus dem Schlaf gerissen. Sie bemerkte, wie jemand nachts um halb drei am Schloss ihrer Wohnungstür hantierte und verständigte die Polizei. Das Objekt wurde umstellt und das Haus „gestürmt". Vor der Tür stand allerdings kein Einbrecher, sondern der 84jährige Nachbar, der seine Nachbarin besuchen wollte, zeitlich jedoch etwas desorientiert war. Der Fall war schnell geklärt und die Kollegen setzten ihre Streife mit einem Lächeln auf den Lippen fort, als er ihnen eine „gute Heimreise" wünschte.

Mitnahmezentrale

Mitte Juni fanden in unserem Postenbereich viele Sperrmülltermine statt. Im Gegensatz zu den früheren Jahren wurde Rüppurr in diesem Jahr von Sperrmüllsammlern geradezu überschwemmt. Vielleicht liegt es an den nun offenen EU-Grenzen. Schon die Menge der ungarischen, polnischen und lettischen Müllsammler mit ihren Kleintransportern, erweckte in vielen Mitbürgern ein Gefühl der Unsicherheit und die Frage, was man dagegen tun kann, wurde mehr als einmal an uns herangetragen.
Rechtlich muss das Ganze in etwa so betrachtet werden:
Sperrmüll gehört, sobald er zur Abholung bereit steht, dem Amt für Abfallwirtschaft. Dieses Amt muss den Müll entsorgen. Sonst niemand. Das sagt die Abfallsatzung.
Tatsächlich ist es aber so, dass Sperrmüllsammler geduldet werden und es kann hier natürlich kein Unterschied gemacht werden, ob diese nun Deutsche oder Ungarn sind. Entweder dürfen alle sam-

meln oder keiner. Problematisch ist natürlich auch die Kontrolle. Viele Anrufer melden, dass in den Kleintransportern gestohlene Fahrräder liegen. Wenn Sie mal in so einen Kleintransporter reinschauen, dann sehen sie etwa 30 zerlegte, mehr schlechte als rechte Fahrräder.

Sollte darunter tatsächlich ein gerade entwendetes sein, so ist es in der Praxis doch so, dass es bei uns noch nicht als gestohlen gemeldet ist. Ein weiteres Problem ist natürlich die Beweisführung, wenn wir tatsächlich ein gestohlenes Fahrrad bzw. den Rahmen finden. Der Sammler wird behaupten, dass das Rad beim Sperrmüll stand.

Hilfreich für uns ist natürlich, wenn das Fahrrad codiert ist. So lässt sich schnell und leicht der rechtmäßige Besitzer ermitteln. Fahrradcodierungen, dies sei in diesem Zusammenhang erwähnt, führt der Polizeisportverein jeden Dienstag von 15.00 Uhr bis 17.00 Uhr im Foyer des Polizeipräsidiums durch.

Kontrolliert werden die Personen von uns trotz aller Schwierigkeiten und es war für mich eine wahre Freude, mit welchem Elan unsere Praktikantin, Frau Nowotny, die Sache anpackte und mit welchen Fragen sie den Sammler des Diebstahls überführen wollte. Bei der ersten Kontrolle allerdings musste sie feststellen, dass ihr lettisch für diese Zwecke einfach zu schlecht war.

Stehlblues

Zu einem nicht alltäglichen Diebstahl kam es in der Silvesternacht bei einer Tanzveranstaltung während einer langsamen Tanzrunde. Beim Stehblues entwendete der Tänzer unter Vortäuschung einer gewissen Zuneigung seiner Partnerin unbemerkt das Handy.

Nachdem die Dame wieder an ihrem Tisch war, stellte sie den Verlust fest und bat ihre Freundin, doch mal ihre Nummer anzurufen. Und siehe da: Aus der Jacke des Steh(l)bluestänzers klingelte ihr Handy. Die Damen stellten den Dieb daraufhin zur Rede. Dieser machte sich aber alsbald mit ein paar müden Ausreden aus dem Staube und ward nicht mehr gesehen.

Mein Tipp: Bei einer langsamen Tanzrunde müssen Sie immer darauf achten, wo die Finger sind und am Handy haben sie nichts verloren.

Standortfrage

Zu einem Streitfall wurden zwei Kollegen unseres Streifendienstes in die Wolfartsweierer Straße beordert. Dort stritten sich nämlich zwei Prostituierte um den besten Platz. Da sie sich nicht einigen konnten, noch ein „Freund" der beiden eine Lösung fand, verständigten sie die Polizei.
Glücklicherweise hatten die Damen bis zum Eintreffen der Beamten eine Einigung erzielt, so dass ein polizeiliches Tätigwerden nicht mehr erforderlich war, denn auf solche polizeilichen Lagen wird man in der Ausbildung einfach zu wenig vorbereitet.

Hitzeschaden?

Seltsam, seltsam, was in manchen Köpfen so vor sich geht, aber ich denke, man muss auch nicht alles verstehen. Mit einem Fall dieser Art hatten es nun wieder einmal die Kollegen des Streifendienstes zu tun.
Gegen 13.00 Uhr wurden sie von der Bewohnerin eines Appartements verständigt, die mitteilte, dass vor ihrer Wohnungstür eine Nackte tanzen würde. Eine Besatzung fuhr sofort die besagte Adresse an und tatsächlich, vor der Wohnungstür tanzte eine nackte und unbekannte Frau.
Da diese von ihrem Tun nicht ablassen wollte oder konnte und ziemlich wirres Zeug von sich gab, war es für die Kollegen unumgänglich, die 28-jährige einer ärztlichen Behandlung zuzuführen.

Höhenflug

Ein Hotelangestellter verständigte in den Nachmittagsstunden des 7. Mai die Kollegen unseres Streifendienstes. Er wusste sich nicht mehr zu helfen, denn ein Hotelgast, der sich kurz zuvor eingemietet hatte, ließ sich nicht mehr davon abbringen, mit dem Aufzug wahllos die verschiedenen Etagen anzusteuern, ohne auszusteigen. Als die Beamten den etwas entrückten Mann nach seinem Tun befragten, teilte er ihnen mit, dass er Mediengestalter sei. Zwischenzeitlich habe er jedoch eine Umschulung gemacht und sei nun Gott, was dann auch die Fahrstuhlfahrerei erklären würde: Der Mann wollte höher hinaus.
Trotz dieser Berufung, so war es dem Polizeibericht zu entnehmen, war der Mann von andauernden Angstschüben geplagt, so dass letztendlich eine Einweisung in die Psychiatrie erforderlich wurde.

Ganz viel Gans

Am 6.04.05 gegen 11.00 Uhr ersuchte die Zooverwaltung um die Unterstützung einer Streife. Der Anrufer schilderte, dass ein etwa 60 Jahre alter Mann seinen Pkw beim Futterhof abgestellt und vier Gänse ausgeladen hätte. Er würde nun versuchen, diese mit ausladenden Handbewegungen ins Zoogelände zu treiben, was die Zoomitarbeiter im Augenblick aber noch verhindern könnten. Da es sich bei den Tieren um gewöhnliche Knielinger Schnatterer handelte, hatte der Zoo auch wenig Interesse an einer Zucht.
Wenig später erschienen dann die Kollegen des Streifendienstes, Polizeikommissarin Kirsch und Polizeiobermeister Janßen zur Beurteilung der Lage.
Frau Kirsch, die ihr Rüstzeug unter anderem durch ein Praktikum bei unserem Polizeiposten erhalten hat, war mit ähnlichen Situationen natürlich vertraut und betrat kein Neuland.
Der ältere Herr wurde auf sein Verhalten hin befragt, wobei er allerdings keine plausible Erklärung für sein Tun abgeben konn-

te. Eine Kontaktaufnahme mit der Ehefrau wurde deshalb erforderlich. Auf eine telefonische Rücksprache hin teilte die verdutzte Frau mit, dass sie insgesamt 20 Gänse ihr Eigentum nennen.
Für das sonderbare Verhalten ihres Mannes hatte sie aber keine Erklärung und auch nicht dafür, warum gerade vier und auch gerade diese Gänse von ihm im Zoo ausgesetzt werden sollten. Abgesprochen war die Aktion mit ihr nicht und so erschien sie wenig später und wenig erfreut am Ort des Geschehens, packte ihre Gänse und ihren seltsamen Gatten wieder ein und fuhr mit ihnen zurück nach Knielingen. Das Verhalten 63jähriger Männer im Frühling zu erklären, war letztendlich nicht mehr Sache der Beamten. Da aber die Gänse wieder wohlbehalten ihren Artgenossen zugeführt werden konnten, nahm auch diese Geschichte ein glückliches Ende.

Irren ist menschlich

Nachts um halb Vier ging bei der Funkleitzentrale der Notruf eines Weiherfelders ein. Der Mann meldete zwei unberechtigte Personen in seinem Wohnzimmer, welche seine Heizung zersägt hätten. Das Wasser stünde schon in der Wohnung.
Die Kollegen des Streifendienstes, in diesem Falle waren es Frau Nowotny und Herr Schneider, fuhren unverzüglich vor Ort und klingelten an der Tür.
Anstatt die Kollegen einzulassen, wählte der 52jährige Mann erneut die Notrufnummer und teilte mit, dass zwei Einbrecher vor der Tür stehen würden.
Der Beamte in der Funkleitzentrale verstand zwar im Augenblick die Welt nicht mehr, aber es gelang ihm schließlich durch gutes Zureden, dass der Mann den Polizeibeamten seine Tür öffnet.
Die anschließende Überprüfung ergab, dass der Weiherfelder schon die Stühle und andere Gegenstände hochgestellt hatte, aber weder der Fußboden nass noch die Heizung beschädigt war. Nach einem Gespräch schien der verwirrte Mann wieder etwas entwirrt und die Kollegen wähnten den Einsatz für beendet, wenn nicht

noch folgendes passiert wäre: Kaum waren sie in ihren Streifenwagen eingestiegen, sahen sie, wie auch der nun wieder Verwirrte das Haus verließ. Er klingelte am Nachbarhaus. Auf dieses seltsame Verhalten angesprochen, äußerte er erneut wirres und sinnloses Zeug, so zum Beispiel, dass er von Nachbarskindern umgebracht werden sollte. Er zitterte und schwitzte am ganzen Körper. Da er nun nicht mehr zu entwirren war, musste er in Gewahrsam genommen werden und mit einer Meldung an die Behörden, da ja offensichtlich Hilfe nötig ist, fand schließlich auch dieser Fall sein glückliches Ende.

Sturzbetrunken

Weiherfeld, Januar 2005, 0 Grad. Ein 47 Jahre alter Mann hatte zunächst zu tief ins Glas und etwas später dann auch noch zu tief ins Wasser geschaut. Nach den Feststellungen des Streifendienstes befand sich der Mann in der Nacht von Samstag auf Sonntag in stark alkoholisiertem Zustand auf dem Heimweg, der ihn entlang der Alb in Richtung Südweststadt führen sollte. Es war so gegen 3.00 Uhr morgens und im Bereich Weiherfeld, als er einen natürlichen Drang verspürte.

Nach dem Motto „Wasser zu Wasser“ stellte er sich also ans Ufer der Alb, um sich Erleichterung zu verschaffen. Aufgrund seiner alkoholischen Beeinflussung, einen anderen Grund dürfte es kaum geben, kippte er jedoch nach vorne und ins Wasser. Da stand er nun und da er nicht mehr in der Lage war, das Ufer zu erklimmen, verständigte er über Handy einen in der Nähe wohnenden Verwandten, der wenig später am Unglücksort erschien und ihn wieder ans Ufer zog.

Vorsorglich verständigte der Retter auch einen Krankenwagen, da mit einer Unterkühlung zu rechnen war. Da den beiden das Eintreffen des Krankenwagens zu lange dauerte, fuhren sie mit einem Privatwagen ins Vincentiuskrankenhaus, wo der Verunglückte untersucht wurde. Die Kollegen des Streifendienstes, die hinzugezogen wurden, rekonstruierten anhand der spärlichen Schilderung

und dem Zustand des Betroffenen und der offenen Hose den „Tathergang“ und schlossen demnach ein Fremdverschulden aus. Da der Mann keine größere körperliche Beeinträchtigung hatte, nahm auch dieser Fall wieder einmal ein gutes Ende.
Rechtlich betrachtet stellt das Urinieren in öffentlichen Anlagen eine Ordnungswidrigkeit dar. Die Vorschrift macht hier allerdings keinen Unterschied, ob einer ins Wasser oder gegen einen Baum pinkelt und so drängt sich der Schluss auf, dass in diesem Falle der Baum wohl die bessere Lösung gewesen wäre.

Blumiges

Mitte April, in den Abendstunden, war ein 75jähriger Rentner auf dem Friedhof Rüppurr mit der Grabpflege beschäftigt. Dabei konnte er beobachten, wie sich einige Gräber weiter eine rüstige alte Dame an Schnittblumen, die als Grabschmuck dienten, vergriff und diese in ihre Handtasche steckte.
Der Rentner sprach die Frau, die auch schon 83 Lenze zählte, auf ihr Verhalten hin an. Anstatt eine Antwort zu geben, starrte sie ihn nur an und ergriff Sekunden später die Flucht. Der 75jährige setzte nach und schon nach einer kurzen Verfolgung hatte er die Flüchtende eingeholt. Diese drehte sich nun unvermittelt um und im Zuge dieser Drehbewegung verlor der Mann das Gleichgewicht und stürzte. Er fiel so unglücklich, dass er sich Prellungen, Schürf- und Risswunden im Gesicht zuzog. Die Brille ging zu Bruch und leider auch das Gebiss.
Die Blumendiebin nutzte diese Situation sofort aus und setzte ihre Flucht fort. Sie hatte aber nicht mit der Hartnäckigkeit ihres Verfolgers gerechnet, denn dieser rappelte sich wieder hoch und rannte der Frau hinterher. Wenig später hatte er sie beim Friedhofausgang erneut eingeholt und um sie an der weiteren Flucht zu hindern, umarmte er sie großflächig. Eine Angestellte des nahen Blumengeschäftes war zwischenzeitlich auf die Situation aufmerksam geworden und verständigte die Polizei. Wenig später erschienen die Kollegen und stellten die Personalien der Frau fest.

Mit den weiteren Ermittlungen wurde Polizeihauptmeister Straub betraut. Seine ersten Feststellungen ergaben, dass die Frau bei unserer Dienststelle keine Unbekannte ist. Sie ist in der Vergangenheit bereits mehrmals wegen Diebstahls geringwertiger Sachen, auch Schnittblumen, aufgefallen und dieses ungewöhnliche Verhalten scheint nach Lage der Dinge eher ein medizinisches als ein juristisches Problem zu sein. Aus diesem Grunde wurde der Soziale Dienst mit einbezogen und Frau Bohner hat bereits Kontakt mit der alten Dame aufgenommen.
In diesem Zusammenhang sei auch einmal die sehr gute und vertrauensvolle Zusammenarbeit zwischen unserem Polizeiposten und dem Sozialen Dienst, insbesondere mit Frau Bohner, zuständig für Rüppurr und Frau Döring, zuständig für die Stadtteile Weiherfeld und Dammerstock, erwähnt.
Meinen Dank möchte ich dem 75jährigen Mann aussprechen, denn er hat genau das getan, was man machen soll: Nicht wegschauen. Es tut mir leid um seine Verletzungen und ich wünsche ihm von Herzen gute Besserung.

Weggeguckt ...

Am 19.6.2004 gegen 4.00 Uhr morgens nahm ein 30-jähriger Taxifahrer zwei betrunkene Fahrgäste vor einem Nachtlokal in Mühlburg auf, um sie nach Rüppurr zu chauffieren. Bereits im Taxi beleidigten die Männer den Fahrer. Als er sie schließlich in der Langestraße absetzte, eskalierte die Situation. Zunächst warfen ihm die Betrunkenen das Fahrgeld ins Gesicht, anschließend schlugen sie ihn nieder. Dabei soll auch eine Flasche im Spiel gewesen sein. Der Verletzte konnte schließlich fliehen und aus der Telefonzelle in der Pfauenstraße Hilfe herbeirufen.
Als die Beamten eintrafen, fanden sie den Schwerverletzten auf dem Boden liegend an der Kreuzung Pfauen-/Lützowstraße auf. Mit einem Rettungswagen wurde er zu stationären Behandlung ins Diakonissenkrankenhaus eingeliefert.
Aus dem noch immer in der Langestraße stehenden Taxi, so die

Feststellungen des Kollegen Harsch vom Streifendienst, wurde nichts entwendet, so dass davon ausgegangen werden kann, dass diese sinnlose und unverständlich Tat auf den übermäßigen Alkoholkonsum zurückzuführen ist.
Der Vorgang wurde anschließend an unseren Polizeiposten übersandt, wo Polizeihauptmeister Straub die weitere Bearbeitung übernahm. Im Zuge der Ermittlungen fuhr er mit dem Taxifahrer die Tatörtlichkeit an, um die Tat zu rekonstruieren und Einzelheiten in Erfahrung zu bringen. Der Fahrer erinnerte sich nun genau an die Stelle, wo die Täter aus dem Taxi stiegen und wo sie hingingen. Anhand der Personenbeschreibung gelang es dem Sachbearbeiter durch Hinweise aus der Nachbarschaft, einen der Beschuldigten zu ermitteln.
Wie im Laufe der Ermittlungen bekannt wurde, soll die Tat von Augenzeugen von einem Fenster aus beobachtet worden sein. Diese wurden offensichtlich durch den Lärm, der durch das offene Fenster ins Schlafgemach drang, wach, allerdings nicht so wach, dass ihnen die Idee kam, die Polizei zu verständigen.In diesem Zusammenhang möchte ich Sie, liebe Leser, bitten, bei ähnlichen Vorfällen nicht die Augen zu verschließen. Rufen Sie uns an.

Trau, schau wem ...

Ich frage mich, was einen Teppichhändler aus dem Offenburger Raum dazu bringt, einen Billigteppich, den er für etwa 30 Euro erworben hat, für 50 Euro im Heinrich-Heine-Ring zu verkaufen? Mir scheint da der Aufwand etwas zu hoch und die Gewinnspanne zu gering, selbst wenn die Ehefrau mit einem zweiten Teppich unterwegs ist und diesen an den Mann bzw. die Frau zu bringen versucht. So geschehen Mitte Februar.
Nachdem bei unserer Dienststelle aus mehreren Straßen im südlichen Rüppurr Anrufe eingingen, ein Teppichhändler sei unterwegs, konnte dieser nach einem erneuten Anruf in der Reinhold-Schneider-Straße festgestellt und kontrolliert werden. Und, das sei an dieser Stelle schon mal bemerkt, das war nur mit Ihrer Unter-

stützung möglich. Ambulante Händler haben es für gewöhnlich an sich, dass sie nicht von Haus zu Haus gehen, sondern ziemlich schnell den Bereich wechseln, um sich so einer Kontrolle zu entziehen. Nun zurück in die Reinhold-Schneider-Straße.
Der höfliche Teppichhändler räumte bei der Kontrolle sofort ein, ohne Reisegewerbekarte versucht zu haben, einen Teppich zu verkaufen. Auch seine Frau sei in dieser Sache unterwegs, leider gingen die Geschäfte schlecht. Nichtsdestotrotz handelte er sich eine Ordnungswidrigkeitenanzeige ein, was ihm ein Bußgeld von 60 Euro plus 20 Euro Verwaltungskosten einbringen dürfte.
Wenige Tage nach diesem Vorfall meldete sich eine ältere Dame aus dem Wickenweg bei mir und brachte vor, dass sie sich nicht mehr zu helfen wüsste. Sie sei auf der Straße von einer Frau angesprochen worden, die es verstanden habe, ihr Vertrauen zu gewinnen. Dummerweise hätte sie ihre Adresse herausgegeben und wäre seither mehrmals in aufdringlicher Form von dieser Frau aufgesucht worden. Sie habe auch beobachtet, dass beim Besuch der Frau ein roter Pkw mit Offenburger Kennzeichen mit einem Mann am Steuer vor dem Haus geparkt habe. Von der Fahrzeug- und Personenbeschreibung her handelte es sich um „unseren" Teppichhändler aus der Reinhold-Schneider-Straße.
Die Dame ergänzte weiter, dass sie schon so weit ist, dass sie der Frau Geld angeboten habe, nur dafür, dass man sie in Ruhe lässt. Der Betrag war aber wohl zu gering und wurde abgelehnt. Ein seltsames Verhalten für Teppichhändler aus Offenburg. Sollte da vielleicht was ganz anderes dahinter stecken als ein paar Teppiche zu verkaufen und ein Bußgeld zu riskieren? Ich denke schon und dafür sprechen auch seine einschlägigen Erfahrungen mit der Polizei. Es ist wohl so, dass das Teppichgewerbe an der Haustür auch dazu dient, Kontakt mit älteren Menschen zu finden und deren Vertrauen zu erschleichen, um diese später durch Betrügereien oder Diebstahl um ihr Erspartes zu bringen. Das hatten wir in Rüppurr übrigens nicht nur einmal. Sollte bei dieser Kontaktaufnahme allerdings auch mal ein 30-Euro-Teppich für 900 Euro den Besitzer wechseln, so meine ich, ist das auch im Interesse der Täter.

Seiteneinstieg

Vermissen Sie Ihren Tresor? Wenn ja, dann haben wir ihn vielleicht aufgefunden. Es handelt sich dabei um einen Stahltresor der Marke Burgwächter, Sekutronik, Farbe braun in den Maßen 50 x 43 x 38 cm. Die Fronttür ist mit einer Zahlencodetastatur versehen und die Rückseite lässt darauf schließen, dass er mit zwei Dübeln an einer Steinwand befestigt war.
Das Besondere an unserem Tresor ist, dass man seitlich reinschauen kann. Da wurde er nämlich aufgeschweißt.

Sicherheitslücke

Die Hilfsbereitschaft einer 90jährigen aus der Graf-Eberstein-Straße nützte eine ganz perfide Frau aus. Sie nahm während eines Einkaufes Kontakt mit der alten Dame auf, verwickelte sie in ein Gespräch und begleitete sie nach Hause. Sie erklärte, dass sie Handwerker im Hause habe und deshalb ihr Bargeld in einem Kuvert mit sich führen würde. Nun suche sie einen sicheren Platz dafür und wo sei es besser aufgehoben als dort, wo auch die alte Dame ihr Geld deponiert.
Gesagt, getan, die beiden gingen in die Wohnung, wo das Geld in einem braunen Päckchen sicher im Wohnzimmer in einer Schublade aufbewahrt wurde. Man verabschiedete sich und während die gehbehinderte Wohnungsinhaberin bereits zur Haustür ging, begab sich die Unbekannte noch einmal ins Wohnzimmer, entnahm aus der Schublade ihr braunes Päckchen und auch das Bargeld der alten Frau, immerhin 1500 Euro.
Diese hatte von allem gar nichts mitbekommen, denn erst am nächsten Tag, als die Tochter zu Besuch kam, wurde der Diebstahl festgestellt.
Polizeiobermeisterin Earl, die die Sachbearbeitung übernahm, sucht nun nach einer etwa 50jährigen, kräftigen, fast beleibten Frau, ungefähr 170 cm groß, mit Brille. Sie hatte rotblonde, kurze, lockige Haare und trug einen hellen Rock, sowie eine beige,

gestreifte Bluse. Sie sprach hochdeutsch und ist von ihrer Erscheinung her auch als mitteleuropäisch einzustufen.
Fälle dieser Art zeigen uns immer wieder, wie Hilfsbereitschaft und Gutmütigkeit ausgenützt werden. Sind Sie es nach wie vor, aber mit der Vorgabe: In Ihrer Wohnung hat kein Fremder was verloren. Und doch kommt es durch die gerissene und niederträchtige Art dieser Gauner hin und wieder vor, dass es ihnen gelingt, sich Zutritt in Ihre Wohnung oder in Ihr Haus zu verschaffen.
Melden Sie uns verdächtige Wahrnehmungen dieser Art sofort.

Leicht verklemmt

Und da war da noch ein freundlicher Mitbürger aus der Moosalbstraße. Er brachte einen orientierungslosen und gehbehinderten älteren Herrn, der ihn auf der Straße etwas verwirrt angesprochen hatte, in seinem Bus zu uns auf die Wache.
Aufgrund seiner körperlichen Einschränkung war der ältere Mann kaum in der Lage auszusteigen. Wir nahmen ihn deshalb rechts und links an Bein und Rücken, hoben ihn heraus und plötzlich: Ein Schrei meines Helfers.
Dieser hatte, so wie ich auch, ein Bein im Bereich des Knies erfasst, im Gegensatz zu mir hatte er die Seite mit der Prothese erwischt und als diese die Bodenhaftung verlor, schnellte sie mit einem Mal nach hinten und klemmte einen Finger meines Mitstreiters ein, was diesen dann veranlasste, seinen Schmerz mit einem Schrei kund zu tun.
Glücklicherweise ließ er seine Hälfte des Mannes nicht fallen, so dass dieser wohlbehalten abgesetzt werden konnte und da der Finger, wenn auch etwas gequetscht, dran blieb, fand auch dieser Fall noch ein gutes Ende.

Platz da!

Leicht überschätzt hatte eine 82jährige Verkehrsteilnehmerin ihre Fahrkünste, als sie von der Rastatter Straße in den Scheibenhardter Weg einbog. Zugegeben, bei Gegenverkehr kann es schon etwas eng werden, aber bei der Fahrerin aus Rüppurr wurde es auch ohne Gegenverkehr ganz eng - für die vier am Fahrbahnrand geparkten Fahrzeuge.
Sie bog also ein, kam zu weit nach rechts, erfasste das erste geparkte Fahrzeug und schob es auf den davor stehenden Wagen. Sie lenkte daraufhin nach links, das war o.k, dann sofort wieder nach rechts, aber da stand der dritte Pkw. Also wieder nach links und wieder nach rechts. Das war der Spiegel des vierten Fahrzeugs. Schließlich 10 Meter weiter die Parklücke. Geschafft.
Zur Unfallursache befragt, sagte sie, sie sei von der Sonne geblendet worden. Leicht irritiert wies ich sie darauf hin, dass diese im Rücken stünde, worauf sie meinte, dass es dann halt etwas anderes gewesen sei. Das festzustellen ist Sache der Führerscheinstelle.

Lichtblicke

Am 22.5.04, gegen 1.40 Uhr rumste es vor dem Haus Neckarstraße 8 ganz ordentlich, denn ein von der Weiherfeldbrücke kommender Pkw hatte drei dort geparkte Fahrzeuge gestreift. Ohne anzuhalten setzte der Verursacher seine Fahrt fort. Bei der Unfallaufnahme sicherten die Kollegen des Streifendienstes Zierleisten und Glasteile und übersandten die Unfallanzeige samt der Beweismittel an die Unfallermittlungsgruppe. Dort übernahm Polizeikommissar Bronner, ein Spezialist in Sachen Unfallflucht, die weiteren Ermittlungen.
Zunächst puzzelte er die Glasteile zusammen und stellte an einem Blinkerglas ein Nummernfragment fest. Wenn Sie sich mal den Scheinwerfer oder Blinker an einem Pkw genauer ansehen, werden Sie erkennen, dass diese mit Nummern versehen sind. Anhand dieser Nummern lässt sich über eine Datei ermitteln, in

welche Fahrzeugmarken und Typen das jeweilige Teil eingebaut worden ist und auch der Einbauzeitraum, was wiederum Rückschlüsse auf das Baujahr zulässt.
Da die Nummer auf dem Blinkerglas unvollständig war, erhielt Polizeikommissar Bronner 20 verschiedene Automarken und Typen als mögliche Verursacherfahrzeuge. Anhand der sichergestellten Zierleiste war es ihm allerdings möglich, die Marke und den Typ festzustellen. Es handelte sich um einen Renault. Mit einer roten Lackantragung an einem der beschädigten Pkw stand außerdem auch noch die Farbe des verursachenden Pkw fest.
Mit diesen Erkenntnissen können nun beim Kraftfahrtbundesamt alle Halter entsprechender Fahrzeuge festgestellt werden.
Damit es aber nicht zigtausende sind, beschränkte sich Polizeikommissar Bronner auf den Stadt- und Landkreis. Das waren dann immer noch 153 und er dachte sich, dass der Unfallflüchtige vermutlich im Bereich Weiherfeld/Rüppurr wohnt. Das waren dann nur noch drei zugelassene Renaults. Das erste von ihm überprüfte Fahrzeug war unbeschädigt und schied somit als Verursacher aus. Das zweite war tags zuvor verkauft worden, was schon mal verdächtig war. Aber der war es dann doch nicht. Es war das dritte Fahrzeug, zugelassen auf einen Weiherfelder. An diesem Pkw konnte Polizeikommissar Bronner passende Schäden feststellen und die Unfallflucht somit aufklären. Und dass er das innerhalb von drei Tagen geschafft hat, das hat ein dickes Lob verdient.

Sprung-Haft

Leicht überschätzt hatte sich Ende Oktober ein stark alkoholisierter Mann. Der etwa 50jährige wollte auf seinem Nachhauseweg eine Abkürzung nehmen, indem er versuchte, über den Entwässerungsgraben beim Post-Südstadt, der entlang der Ettlinger Allee verläuft, zu springen.
Entweder war´s das getrübte Auge, was dies verhinderte oder die mangelnde Sprungkraft. Ich weiß es nicht, der Mann landete jedenfalls im Graben, sank ein und schrie jämmerlich um Hilfe, da er

sich aus eigener Kraft nicht mehr aus dem Morast befreien konnte. Gegen 4.00 Uhr, da steckte er schon etwa zwei Stunden fest, wurde er von Anwohnern gehört, die die Polizei verständigten.
Mit „starken Kräften", so ist dem Bericht der Kollegen von der Dienstgruppe A zu entnehmen, konnte der unterkühlte Mann schließlich herausgezogen werden. Mit einem Rettungswagen wurde er ins Diakonissenkrankenhaus eingeliefert.

Multikulti

Am 8. September wurde eine 77 Jahre alte Frau aus Rüppurr Opfer eines Taschendiebes. Der Dieb zog während einer Straßenbahnfahrt zwischen den Haltestellen Marktplatz und Bahnhof vermeintlich unbemerkt die Geldbörse aus der Handtasche der Frau und steckte sie ein.
Er hatte bei seiner Tat die Rechnung allerdings ohne den Wirt gemacht, denn ein aufmerksamer Fahrgast beobachtete den Diebstahl und griff ein. Der mutige Mann aus Weinheim hielt den Täter mit Unterstützung eines zufällig in der Bahn mitfahrenden Grenzschutzbeamten fest.
Während die Geschädigte ihren Geldbeutel wieder zurückbekam, wurde der Täter dem Bezirksdienst des Polizeireviers Südweststadt überstellt, wo Polizeihauptmeister Gess die Sachbearbeitung übernahm.
Wie er feststellte, handelt es sich bei dem Täter um einen 65 Jahre alten in Frankreich wohnenden Chilenen, der bereits von der Staatsanwaltschaft in Freiburg wegen Taschendiebstahls zur Aufenthaltsermittlung und auch zur Festnahme ausgeschrieben war. Wegen der Ausschreibung zur Festnahme wurde der Verdächtige in die Vollzugsanstalt Karlsruhe eingeliefert, wo er in Ruhe den neuen Verfahren „entgegensitzen" kann.
Taschendiebstahl liebe Leserin, lieber Leser, ist leider kein Einzelfall. Fast wöchentlich nehmen wir entsprechende Diebstahlsanzeigen auf. Fast immer ist der Tatort im Innenstadtbereich, fast immer sind ältere Menschen betroffen und fast immer fehlt es an Hinwei-

sen. Nicht aber in diesem Fall - und das freut mich besonders. Warnhinweis: Vorsicht Taschendiebe - blicken Sie doch mal kurz nach links und rechts. Vielleicht sitzt gerade einer neben Ihnen.

Auch nicht ohne ...

In der zweiten Novemberhälfte wurden in mehreren Nächten an Pkw in Rüppurr die Scheiben eingeschlagen und dort offen liegende Gegenstände entwendet. Ein Teil des Diebesgutes wurde bei der Grundschule in Bulach aufgefunden. Auch Bulach und die Südweststadt waren von den Pkw-Aufbrüchen betroffen. Aufgrund der Gesamtumstände ist davon auszugehen, dass es sich um einen örtlichen Täter handelt, der es weder auf Autoradios noch auf CD-Spieler abgesehen hat, sondern nur an sichtbar im Fahrzeug abgelegten Gegenständen interessiert ist.
Beim Diebesgut handelte es sich um Fotoapparate, DV-Geräte, Elektronikspiele, CDs und auch Bargeld.
Ein angetrunkener türkischer Mitbürger versuchte bei einer Kontrolle seinen Führerschein dadurch zu retten, in dem er mit dem Bemerken, „He Cheffe, für Dich!" dem kontrollierenden Beamten einen Zehneuroschein hinstreckte. Führerschein trotzdem weg und Anzeige wegen versuchter Bestechung.
Beschwerden gab es aus Weiherfeld und Rüppurr. Dort war eine Drückerkolonne im Auftrag einer Telefongesellschaft unterwegs. Die Werber versuchten Telefonverträge abzuschließen. Zwei Personen wurden von uns kontrolliert. Wegen der fehlenden Reisegewerbekarte wurde gegen eine Person ein Bußgeldverfahren eingeleitet, bei der zweiten Person teilte die Datenstation über Funk mit: 174 T. Das heißt, die Person die bei Ihnen gerade im Wohnzimmer saß, gelangte bereits 174 Mal bei der Polizei zur Anzeige.
Ein Geldwechselbetrüger trieb in Rüppurr sein Unwesen. Dieser bat mehrere ältere Mitbürger um Kleingeld zum Telefonieren. Hatten die Leute die Geldbörse in der Hand, griff der Täter hinein um scheinbar bei der Münzensuche zu helfen. Später wurde dann ein Fehlbestand im Scheinefach festgestellt, in einem Falle 400 Euro.

Zickezacke Hundekacke …

… ein Kindervers, den fast jeder kennt, ein Kindervers, der in der heutigen Zeit aber einen neuen Stellenwert eingenommen hat. Zickezacke Hundekacke spricht sich so kinderleicht aus und doch - was steckt dahinter? Fast philosophisch könnte man werden, gäbe es da nicht ein so lebensnahes Problem, das da unsere Dienststelle derzeit beschäftigt. Keine Cheflage in diesem Fall, denn ein Chef hat doch für jeden Sch… seine Leute, mich zum Beispiel und darum geht´s: Um die Entsorgung von Hundekot.

Grüne Tonne, schwarze Tonne
oder leg ich´s in die Sonne?
Nur nicht in die Roten,
denn das ist verboten!

Und so begab es sich zu Rüppurr, dass sich eine südländische Familie als Mieter nette Landsleute ins Haus holte. Bene. Das ging so lange gut, bis sich die Tochter der Mieterfamilie einen kleinen Hund zulegte, was nicht gerne gesehen, aber zunächst geduldet wurde und der Hund lernte, nicht im Haus „a –a" zu machen. Also ging die junge Dame mit dem Hund raus, wo er sein Geschäft verrichten konnte. Sie entsorgte den Hundekot in der schwarzen Tonne und wer hat das beobachtet? Natürlich die Vermietersfrau und es ergab sich in etwa folgende Diskussion:

No no no no, nix in schwarze Tonne!
Okay, ich hol´s raus und mach´s in grüne Tonne.
Nix grüne Tonne!
Welche Tonne?
Keine Tonne …

… und dann stand sie da und wusste nicht wohin damit.
Durch die hitzige Debatte wurde natürlich auch der Vermietersmann involviert und es soll ein beleidigender Ausdruck gefallen

sein, worauf die junge Hundebesitzerin weinte – und zwar so lange, bis wenig später Mamma nach Hause kam. Mamma wird´s schon richten und so war es dann auch. Man fand sich kurz darauf im Keller des Hauses wieder und sprach die Sache noch mal durch. Die Folgen waren ein zerrissenes Hemd, Kratzer, ein lädierter Ellenbogen, eine rote Backe, ein weinendes Mädchen und die immer noch offene Frage: Wo ist ein Hundehaufen zu entsorgen?

Hubschraubereinsatz

Aufgeschreckt wurden in der Nacht zum 3.8. die Bewohner rund um den Eichelgarten. Ein Hubschrauber stand etwa eine halbe Stunde über den dortigen Häusern und verursachte diese Aufregung. Der Grund für diesen Hubschraubereinsatz ergab sich etwa eine Stunde zuvor.
Eine Schwester des Diakonissenwohnheimes hörte aus dem Eichelgarten Schreie und verständigte deshalb die Polizei. Als die ersten Streifenbeamten des Polizeireviers Südweststadt eintrafen, konnten auch sie Hilferufe und kreischende Schreie wahrnehmen. Da von einer Notlage oder Straftat auszugehen war, wurde das Gelände zunächst umstellt.
Es zeigte sich dann sehr schnell, dass eine Durchsuchung des Waldstückes zur Nachtzeit keinen Erfolg versprach. Deshalb wurde die Hubschrauberstaffel verständigt und zwischen 23.30 Uhr und 24.00 Uhr wurde der Eichelgarten mit einer Wärmebildkamera abgesucht. Eine Person konnte dabei nicht geortet werden.
Am nächsten Morgen wurde das Gelände noch einmal durch Beamte unseres Polizeipostens, des Streifendienstes und der Hundestaffel mit zwei Diensthunden durchsucht. Auch diesmal verlief die Suche negativ.
Eine Erkenntnis konnten die Durchsuchungskräfte aber immerhin gewinnen und durch aufgekratzte Beine belegen: Im Eichelgarten gibt´s jede Menge Brombeeren.

Wechselfallen

Opfer von Wechselfallenschwindlern sind hauptsächlich Kassierer in Geschäften, Tankstellen und Banken oder ähnlichen Einrichtungen, bei denen größere Summen Bargeld vorrätig sind.
Die Vorgehensweise der Täter ist, um es kurz zu sagen so, dass sie bei den Geschädigten so lange Geld wechseln, bis denen im wahrsten Sinne des Wortes schwindlig wird und sich zum Schluss einige Scheine zu Gunsten der Täter in deren Taschen verirrt haben. Wie gerissen diese Leute vorgehen zeigt schon der Umstand, dass ihnen selbst Bankangestellte auf den Leim gehen.
Nach diesem System lief auch der Fall in einer Rüppurrer Bank ab, der bei uns angezeigt und von unserem Kollegen Rainer Straub bearbeitet wurde. Demnach ergab sich folgender Sachverhalt: Ein etwa 45jähriger Mann betrat die Bank, um hier zehn 500-Euro-Scheine in fünfzig 100-Euro-Scheine wechseln zu lassen. Das Geld wurde gewechselt, er steckte sich das Geldbündel in seine Tasche und wandte sich aber im nächsten Augenblick wieder der Kasse zu mit der Bitte, das Geld doch lieber in hundert 50-Euro-Scheine zu wechseln. Er gab das scheinbar ganze Geldbündel Hunderter, das er soeben erhalten hatte, zurück und bekam dafür hundert 50-Euro-Scheine ausgehändigt. Flugs verließ er die Bank. Die Rüppurrer Bankangestellte roch aber den Braten und ging dem Mann hinterher. Sie sah, dass er in einen Pkw, in dem schon ein Fahrer oder eine Fahrerin wartete, einstieg und bevor der Pkw wegfuhr, notierte sie sich das Kennzeichen. Der Pkw war in Köln auf eine Frau „M." zugelassen.
Bei der anschließenden Zählung des zurückgegebenen Geldbündels stellte die Kassiererin fest, dass elf 100-Euro-Scheine fehlten - was ein Verlust von satten 1100 Euro ausmachte. Diese Scheine hatte der Täter - unbemerkt vom Personal - dem Geldbündel entnommen. Nach diesen ersten Feststellungen richtete Herr Straub ein entsprechendes Ermittlungsersuchen an die Kölner Polizei. Die 51jährige Fahrzeughalterin teilte dem ermittelnden Beamten mit, dass sie überhaupt nicht in Karlsruhe gewesen sei und ihren

Pkw dem Bekannten eines Bekannten ausgeliehen habe und man wisse beim besten Willen nichts über dessen Personalien. Da sich die Ermittlungen im Bereich einer reisenden Gruppe bewegten, gestalteten sie sich entsprechend schwierig und mit einem mehr oder weniger erfolglosen Bericht des Kölner Kollegen, war die Aussicht auf eine Täterfeststellung sehr gering. Nun kam dem Kollegen Straub bei seinen weiteren Ermittlungen aber der Umstand zugute, dass durch den Informationsaustausch der Banken das Treiben des Tatverdächtigen in Rüppurr bekannt wurde und sich ein ähnlicher Fall am selben Tag, etwa eine Stunde zuvor, in einer Bank in der Karlsruher Innenstadt abgespielt hatte. Dort betraten ein Mann und eine Frau den Schalterraum.
Die Frau trat an die Kasse und bat die Kassiererin, ihr bitteschön einhundert 50-Euro-Scheine in zehn 500-Euro-Scheine zu wechseln. Die ganzen Umstände kamen der Bankangestellten aber sehr suspekt vor, weshalb sie äußerste Vorsicht walten ließ und die Videoüberwachung aktivierte. Diese Vorsicht veranlasste das Pärchen offensichtlich, von seinem eigentlichen Vorhaben abzulassen. Sie verließen die Bank, um nach Rüppurr zu fahren.
Die Aktivierung der Videoanlage hatte für die weiteren Ermittlungen die Bedeutung, dass Prints (einzelne Bilder aus dem Videoband) der beiden Verdächtigen gefertigt werden konnten und ein Vergleich mit der Tat in Rüppurr ergab, dass es sich bei dem Mann um ein und dieselbe Person handelte. Der Kollege in Köln begab sich nun mit diesen Erkenntnissen und den Bildern erneut zur Fahrzeughalterin und siehe da, bei ihr handelte es sich um die videografierte Frau. Somit konnte ihre Aussage, sie sei nicht in Karlsruhe gewesen, widerlegt werden.
Im Fernsehen würde die Verdächtige an dieser Stelle weinend zusammen brechen und alles gestehen. Leider nicht bei uns. Irgendwie haben wir das falsche Drehbuch, denn Frau M. störte sich nicht sonderlich an diesen neuen Erkenntnissen und teilte auf Befragen zu ihrem Begleiter mit, dass sie den kaum kenne, geschweige denn seinen Namen wisse. Außerdem hätte man schon anwaltlichen Beistand und der würde schon alles richten.

Aufgrund des polizeilichen Ermittlungsergebnisses wissen nun Sie und ich wie die Sache gelaufen ist - doch reicht das für eine Verurteilung aus? Täter in Rüppurr ist ein Mann den wir nicht kennen und was hat die Frau gemacht? Fährt von Köln nach Karlsruhe und wechselt in einer Bank Geld. Das ist nicht strafbar. Auch nicht, dass sie später lügt und dies bestreitet und auch ihren Begleiter nicht kennen will. Doch in der Gesamtheit will ich schon meinen, dass ein strafbares Verhalten vorliegt und Strafe Not tut.
Und was Sie betrifft, liebe Leser: Auch Sie können ins Visier solcher Schwindler geraten. Nicht unbedingt im Hunderter- oder Tausenderbereich - aber so ein Fuffy, der ist bei so einer Wechselaktion schnell mal verschlampert.

DNA - Treffer

In der Nacht zum 23. August überstieg ein Unbekannter den Zaun der Gartenanlage Battstraße und brach mehrere Gartenhäuser auf, bzw. versuchte dies. Er versorgte sich im Wesentlichen mit Lebensmitteln und Getränken, nächtigte vermutlich auch dort und verschwand.
Nun hat der Unbekannte ein Gesicht. An einem Tetrapack konnte DNA-fähiges Material gesichert und mit Spuren in der DNA-Datei verglichen werden. Demnach handelt es sich bei dem Tatverdächtigen um einen 36 Jahre alten, wohnsitzlosen Slowaken und das mit einer Gewissheit von 1: 58 Milliarden.
Ganz unbekannt ist dieser Mann in unserer Gegend nicht. Er wurde bereits als Tatverdächtiger eines Gartenhauseinbruches in der Kleingartenanlage Seewiesen, den er im März 2004 begangen hatte und einer Gartenhauseinbruchserie in Durlach, begangen im Oktober 2004, ermittelt. Beide Ermittlungserfolge sind auf die Spurensicherung und die durchgeführte DNA-Auswertung zurückzuführen.
Nach Verübung seiner Straftaten hat der Mann, soviel ist gewiss, den Karlsruher Raum verlassen, denn er wurde bereits im November in Hamburg festgenommen und sitzt seither im dortigen

Untersuchungsgefängnis. Neben der in Hamburg zu erwartenden Strafe dürfte es dazu noch einen kleinen Nachschlag für die Karlsruher Einbrüche geben - ungeachtet dessen, was unterwegs vielleicht noch alles passiert ist.

Tour de France

Teil 1

Am 30.7.03 kam es, beginnend in der Amalienstraße, zu einer wilden Verfolgungsjagd. Ein silberner Polo mit französischen Kennzeichen und besetzt mit zwei Männern sollte nach Diebstahlsverdacht kontrolliert werden. Der Fahrer gab aber Gas und flüchtete. Unter Missachtung sämtlicher Verkehrsregeln und Gefährdung anderer Autofahrer und Fußgänger führte die Verfolgungsjagd in die Südweststadt, nach Bulach und schließlich über Weiherfeld durch Rüppurr nach Ettlingen und in Ettlingen teilweise über Stock und Stein, so dass der verfolgende Streifenwagen aufgrund eines Kühlerschadens die Verfolgung abbrechen musste. Die Insassen konnten unerkannt entkommen.

Teil 2

Durch die „Überlandfahrt" hatte auch der Polo Schaden genommen und die Insassen sahen sich gezwungen, das Fahrzeug abzustellen. Dies taten sie schließlich irgendwo in einem Ettlinger Industriegebiet und fuhren mit dem Zug nach Hause. Soweit so gut - nur die Sache hatte einen Haken, denn die beiden wussten später nicht mehr, wo der Polo stand. Dieser Umstand hatte nun zur Folge, dass der Fahrer Farbe bekennen musste: Entweder Selbstanzeige und Auto oder keine Anzeige und kein Auto und so ergab es sich, dass er sich für das Auto entschied und bei den französischen Kollegen in Illkirch den Vorfall meldete. Neben einer ganzen Latte verkehrsrechtlicher Delikte, für die sich der Fahrer nun zu verantworten hat, kommt auch noch hinzu, dass er ohne Fahrerlaubnis unterwegs war.

Irrungen und Wirrungen

Eine 60jährige Frau ging mit ihrer knapp 80jährigen Mutter im Bereich der Weiherfeldbrücke spazieren. Als die Tochter plötzlich ein menschliches Bedürfnis verspürte, begab sie sich in ein Gebüsch, welches sie im Anschluss an ihr Geschäft auf einer anderen Seite verließ. So ergab es sich, dass sie Mutti nicht mehr finden konnte. Sie wandte sich deshalb an Passanten, die ihr beim Suchen helfen sollten. Mutti ihrerseits machte sich ebenfalls Sorgen, weil die Tochter nicht mehr aus dem Gebüsch zurückkehrte und es auch schon dämmerte. Sie wandte sich ebenfalls an Passanten.
Die Polizei wurde verständigt, zwei Kollegen vom Streifendienst des Reviers Südweststadt erschienen vor Ort und es gelang ihnen wenig später, dass die Vermissten sich fanden und die Mutter ihr Kind wieder in die Arme schließen konnte. So fand auch dieser Fall ein glückliches Ende und die Kollegen konnten sich, da sie schon mal in Weiherfeld waren, gleich dem nächsten Fall zuwenden...
Stellen Sie sich vor, dass plötzlich eine wildfremde Person in ihrer Wohnung sitzt und behauptet, es wäre seine. So beinahe passiert in Weiherfeld.
Eine etwa 60jährige Frau erschien mit einem Schlüsseldienst vor einem Haus in der Kniebisstraße, bei dem die Bewohner nicht zu Hause waren. Dem Schlüsseldienst hatte die Frau erzählt, dass es sich um ihr Haus handele und dass die Tür zugefallen sei.
Der Monteur sollte nun wieder die Tür öffnen. Da die Tür aber über ein Sicherheitsschloss verfügte, gelang dies nicht und er versuchte an einer zweiten Tür, von der Garage her, erneut sein Glück. Hier beschädigte er zwar das Schloss, schaffte es aber ebenfalls nicht, die Tür zu öffnen. Nun sollte noch ein dritter Versuch gestartet werden - über das Nachbargrundstück.
Man klingelte und auch den Nachbarn erklärte die Frau, sie sei Eigentümerin des Nachbarhauses und bitte um Durchlass, um von der Rückfront her versuchen könnte, ins Haus zu gelangen.
Da die Frau aber völlig unbekannt und mit den Nachbarn auch

nicht in Verbindung zu bringen war, wurde ihr dies verwehrt. Die Polizei wurde vom Sachverhalt in Kenntnis gesetzt und die beiden Kollegen, die eine halbe Stunde zuvor die ver(w)irrten Damen wieder zusammenbrachten, wurden nun auch mit der Feststellung dieses Sachverhaltes beauftragt und ihre Diagnose lautete: Geistig verwirrt. Abschließend wird sich noch mein Kollege Klaus Stumpf mit dem Vorgang befassen müssen und wie in solchen Fällen üblich, wird er die Behörden benachrichtigen.

Ganz schön gefilmt

Im Interesse aller ehrlichen Kunden wurde Mitte März im Sparmarkt am Ostendorfplatz zur Einschränkung des Ladendiebstahls eine Videoanlage installiert. Noch bevor der Techniker die letzten Einstellungen getätigt hatte, wurde auch schon die erste Ladendiebin geschnappt. Bewährungsprobe bestanden.

Die Verwandlung

Heute erzähle ich Ihnen eine kleine Geschichte aus Rüppurr, vielleicht etwas zu blumig, aber wahr. Die Geschichte nahm ihren Ursprung am letzten Tag auf dem Mostfest.

Vielleicht hat so manche Frau und mancher Mann im Verlauf des Festes mit ihrem oder seinem Partner mal geschimpft, weil es zu spät wurde oder die letzten Biere nicht mehr gegen den Durst waren, aber aus polizeilicher Sicht verlief das Mostfest friedlich. Alle haben sich amüsiert, vielleicht auch animiert und konsumiert.

Alle? Nein, einen ... gibt es immer.

Jetzt hätte ich doch fast Idioten gesagt, aber das darf man nicht - und ich schon gar nicht.

Also, einen muss es immer geben, der aus der Rolle fällt und da ich Ihnen natürlich den Namen nicht preisgeben darf, nenne ich ihn einfach „Der aus der Rolle fällt“ in Anlehnung an den Roman Little Big Man. Da heißt der Häuptling „Alte Zeltbahn“ und warum soll es dann in Rüppurr keinen „Der aus der Rolle fällt“ geben.

Vorab sei noch erwähnt, dass es sich bei dieser Person, obwohl sein Name einen indianischen Klang hat, um keinen Angehörigen des Dakota-Clubs handelt.
„Der aus der Rolle fällt" stand deutlich unter dem Einfluss von Feuerwasser und hielt sich im großen Wigwam, sprich Festzelt, auf. Er erweckte bei einigen Besuchern durch sein lautes und gestikulierendes Verhalten den Eindruck, als habe er bereits das Kriegsbeil ausgegraben. Dies hatte zur Folge, dass der Sheriff, das heißt die Polizeistreife, verständigt wurde. Diese bot „Der aus der Rolle fällt" die Friedenspfeife an, aus der dieser auch ein paar tiefe Züge nahm und sagte, dass es für ihn nun besser sei, zu seiner Squaw zu gehen. Sehr vernünftig dachten wir, aber sollte er vielleicht mit gespaltener Zunge gesprochen haben?
Vorsicht ist in diesem Falle besser als Nachsicht. Wir beobachteten „Der aus der Rolle fällt" auf seiner ersten Etappe und stellten alsbald fest, dass sich dessen Zustand an der frischen Luft eher verschlechterte als verbesserte. In Höhe der Gaststätte „Hirsch" hatten wir den Eindruck, als ob eine Metamorphose eingesetzt habe, denn „Der aus der Rolle fällt" versuchte plötzlich in Kung-Fu-Manier mit dem rechten ausgestreckten Bein einen geparkten Pkw im Bereich der Fahrertür anzugreifen. Zwei Dinge verhinderten allerdings, dass es zu einer Schädigung kam.
Zum einen setzte ihm die Schwerkraft doch mehr zu als er gedacht hatte, zum andern hatte er Probleme mit der Feinabstimmung seines geistigen Entfernungsmessers. So setzte er seinen Weg fort und erschreckte im Zuge seiner Verwandlung ein ihm auf dem Gehweg entgegenkommendes Paar. Zwischenzeitlich hatte er auch die Gaststätte „Amico mio" passiert, wo er sich nach dem Gebäude auf das Gras neben dem Gehweg stellte. Es hatte nun den Eindruck, als ob er das Endstadium seiner neuen Persönlichkeit erreicht habe, denn er fing plötzlich damit an, auf der Stelle zu hüpfen, mit den Armen zu kreisen und kräftig den Kopf zu drehen. Ein zwar etwas seltsames, aber doch nicht verbotenes Verhalten. Abrupt stellte er seine Übung ein, drehte sich um und mit einem gezielten Stoß des rechten Beines hatte er den rechten

Außenspiegel eines am Fahrbahnrand geparkten Seat erwischt. Nun war´s aber genug und ein sofortiges polizeiliches Einschreiten unaufschiebbar. Der Mann wurde einer Kontrolle unterzogen und anschließend in Gewahrsam genommen. Ein Streifenwagen verbrachte ihn nach Hause, wo er liebend aufgenommen wurde.
Ich vermute mal, so zwischen drei und vier Uhr morgens, nach einer Mütze voll Schlaf, dürfte er sich wieder zurück verwandelt haben in den fleißigen und zuverlässigen Familienvater, der von allem nichts mehr weiß und der anhand seiner Barschaft vielleicht feststellt, dass es später geworden ist. Ich bin mir sicher, dass wir ohne die polizeiliche Gewahrsamnahme eine Spur von abgebrochenen Spiegeln, Beulen, abgeknickten Antennen und ähnliches festgestellt hätten - bis hinter die Battstraße und wen hätten wir verdächtigt: Natürlich die Jugendlichen.
Abschließend sei noch erwähnt, dass der Außenspiegel nicht beschädigt wurde und wieder eingerastet werden konnte und dass ihm für den Transport im Streifenwagen 25.56 Euro berechnet werden. Positiv aufgenommen habe ich, dass der Mann ordentlich und freundlich, ein Rüppurrer eben, zwei Tage später auf unserer Dienststelle erschien, der Gang ist im sicherlich nicht leicht gefallen, sich erkundigte, was eigentlich passiert war und sich für sein Verhalten entschuldigte. Mutig, finde ich.

Handlampe gegen Dachlatte

Kurz vor Weihnachten, so gegen 21.30 Uhr, trafen sich in der Gartenstadt eine Handlampe und eine Dachlatte. Träger dieser Gegenstände waren zwei ältere, dem Sachverhalt nach aber noch rüstige Herren. Wie so oft in unserem Geschäft hat sich der Sachverhalt, der nach dem Zusammentreffen der beiden Gegenstände geschildert wurde, auf zwei verschiedene Weisen abgespielt und es sei vorweg bemerkt, dass die Gegenstände nicht sich, sondern den jeweils anderen Besitzer getroffen haben. Nun, den Erzählungen nach war es entweder so ...
Der jüngere Herr, auch schon 66, hat die Mülleimer des älteren

Herrn, 77, umgeworfen. Der ältere Herr hörte dies, rannte aus seiner Doppelhaushälfte, nahm vorsorglich eine zum Schutz bereit gestellte Dachlatte und sah noch, wie der ältere Herr, sein Nachbar, in dessen Haushälfte verschwand. Am Fenster kam es nun mit der Frau, die gerade die Läden schloss, zu einer, sagen wir mal, Erörterung des Sachverhaltes. Dies veranlasste den Jüngeren, bewaffnet mit einer Handlampe mit Halogenstrahl, wieder aus dem Haus zu kommen, seinen Kontrahenten zu blenden und ihn mit der Lampe niederzustrecken. Nun hatte sich aber die Schutzbewaffnung bewährt und weitere Angriffe konnten abgewehrt werden.

... oder so:

Zufällig, als die Ehefrau des Jüngeren die Läden schloss, kam der Nachbar, also der Ältere und redete auf die Frau ein. Es muss laut zugegangen sein, denn der Ehemann der Frau wurde aufmerksam und er nahm eine Lampe, um vor dem Haus nachzusehen, was da wohl vor sich ginge. Er hatte sofort erkannt, dass es der Nachbar war, der zu Unrecht Vorhaltungen machte, er habe seine Mülleimer umgeworfen. Nicht nur, dass es zu Vorhaltungen kam, nein der Nachbar hat sofort mit einer Dachlatte auf ihn eingeschlagen. Er hat zwar die Angriffe so gut es ging abgewehrt, doch auch einige Treffer einstecken müssen. Schließlich ist der Angreifer über seine eigene Waffe gestürzt und hat sich in seine Haushälfte zurückgezogen.

So weit die Darstellungen. Bleibt noch anzumerken, dass beide Beteiligte verletzt waren, ärztliche Hilfe in Anspruch nahmen und sich gegenseitig der Tat beschuldigten. Wenn Sie, liebe Leser, die Lösung wissen, dann rufen Sie mich bitte an.

Wir über uns oder: Meinem Chef sein Chef

Sicherlich kennen Sie den Spruch: Wollen Sie den Chef sprechen oder gleich jemanden, der sich auskennt. Dieser Spruch mag zwar vielerorts Geltung haben, nicht aber bei uns und schon gar nicht für mich. Betrachten Sie ihn lediglich als rhetorische Einleitung für diese Ausführungen, die Ihnen die Organisation Ihrer Polizei ein klein wenig näher bringen möchte.

Mein Chef und der meiner fünf Kolleginnen und Kollegen ist, wie Sie liebe Leser wissen, der Leiter des Polizeipostens in Rüppurr, Polizeihauptkommissar Weber.

Auch er hat einen Chef, der dann theoretisch mein zweiter Chef ist, unseren Revierleiter vom Polizeirevier Südweststadt, Polizeioberrat Rüffel. Er ist Vorgesetzter von fünf Dienstgruppen im Streifendienst, dem Bezirksdienst und den vier Polizeiposten Südstadt, Bulach, Oberreut und natürlich Rüppurr.

Ihm wiederum vorgesetzt ist der Leiter der Revierdienste Süd beim Polizeipräsidium. Sein Bereich umfasst die Polizeireviere Durlach, Oststadt, Marktplatz, Südweststadt, Weststadt, Mühlburg und Ettlingen. Leiter dieser Organisationseinheit ist Polizeioberrat Meyer. Auch Herr Meyer hat einen Chef, wenn auch nicht so viele wie ich.

Sein Vorgesetzter ist der Leiter Polizeiliche Aufgaben im Polizeipräsidium, Polizeidirektor Lay und schließlich ihm vorgesetzt, ist die Leiterin des Polizeipräsidiums Karlsruhe, Frau Polizeipräsidentin Gerecke.

Während sich die Zuständigkeit des Polizeipräsidiums Karlsruhe auf den Stadt- und Landkreis Karlsruhe erstreckt, ist die wiederum dem Polizeipräsidium übergeordnete Landespolizeidirektion für den gesamten Regierungsbezirk Karlsruhe zuständig und ab da, liebe Leserinnen und Leser, wird´s politisch.

Und da war dann noch ...

... der kleine Unfall Links der Alb. Frau Nowotill rutschte versehentlich von der Kupplung und stieß gegen einen geparkten Pkw, worauf der hinter ihr sitzende Herr meinte, dass sich das mit der Fahrprüfung für heute erledigt hätte.

Der HELMESVERLAG KARLSRUHE bedankt sich bei
den Mitarbeiterinnen und Mitarbeitern des
Polizeipräsidiums Karlsruhe
für die gute Zusammenarbeit bei der Realisierung dieses Buches.
Gerne entsprechen wir dem Wunsch der Polizei
– und hier speziell dem des Polizeipostens Rüppurr –
allen Leserinnen und Lesern die Telefonnumer bekannt zu geben,
unter der sie Karl Sauter und seine Kolleginnen und Kollegen immer
dann, wenn Not am Mann ist, erreichen können.

Diese Nummer lautet:
0721-890408